Q&A
海外に住む親族への相続・贈与の税務

税理士法人 山田＆パートナーズ 著

税務経理協会

はじめに

　この本を執筆するきっかけの一つとなったのは，平成27年7月より日本でスタートした国外転出時課税，いわゆる"Exit tax（出国税）"の創設です。

　国外転出時課税は，時価1億円以上の有価証券等を保有している個人が非居住者となる際に，その有価証券等を売却したと仮定して計算した未実現の含み益に対して所得税を課税する制度です。

　有価証券の売却益は原則として売却時に居住している国で課税対象とされますので，日本から海外に転出した後に有価証券を売却すると，一部の例外を除いて日本の税金の対象ではなくなり，その転出先の国の税のルールに従うことになります。有価証券の売却益等には課税しないルールを定めている国もあるので，このような国へ転出して売却することで税負担を回避できてしまいます。そこで，これを防止したいというのが制度趣旨です。

　ところが，「有価証券等を有する者自身が国外に転出」するのではなく，相続や贈与により，「有価証券等が非居住者に移転」する際も，同様に，国外転出時課税の対象とされることになりました。含み益が日本国内で課税されることなく国外に移転してしまう点に着目しての課税なのですが，特に，相続に際してもこの制度の対象とされる点については，導入当初は，正直なところ，厳しい制度だなあ，という感想を持ちました。

　国際相続，いわゆる，"人"が日本と海外の両方に（又は海外にのみ）あるケースや，"財産"が海外にあるような相続・贈与の実務に携わっていると，納税者は必ずしも税だけを意識して日本と海外を行き来しているわけではないのに，思わぬ税金やコストがかかってしまう場面に多く遭遇します。特に"人"に着目すると，学業のため，ビジネスのため，勤務先の指示による海外転勤，国際結婚など，税とは関係のない様々な理由で国内外を行き来するわけですが，日本国内だけの相続や贈与の事案と比較して，手続きに時間を要し，

税負担やコストが多くかかってしまう結果となることがむしろ常であるかもしれません。そして，昨今の経済・教育環境のグローバル化の進展や価値観の多様化などの社会情勢の変化とともに，このようなケースは今後ますます増えて，かつ，より身近なこととして起こることが容易に想定されるでしょう。

　本書では，国際相続の分野の中でも，特に，「日本国内で生じた相続で，被相続人が日本居住の日本人であって相続財産も日本国内にある場合」や，「日本居住の日本人が日本国内財産を贈与する場合」で，いずれも「財産をもらう相続人や受贈者が海外に住んでいるケース」に限定して執筆しました。上述のとおり，財産を受け取る日本人が海外に住んでいるケースを前提とした相続や贈与が，より身近な問題となることが想定されるからです。
　この本がそのような方々の一助となれば，たいへん幸いです。

　最後になりましたが，新刊発行にあたり，企画立案から執筆に至るまで，きめ細やかな助言をくださった税務経理協会の吉冨智子様には本当にお世話になりました。心より御礼を申し上げます。

平成 28 年 4 月吉日
税理士法人山田＆パートナーズ
執筆者代表　　田場　万優

目　次

はじめに
序　国境を越える相続・贈与―本書の解説の前提として　*1*

第1部　海外居住の日本人が相続した場合

Ⅰ　日本での相続手続き等の留意点 ———— *4*

- Q01　非居住者である相続人への相続の考え方　*4*
- Q02　日本での相続手続きの留意点　*6*
- PLUSα　在外公館, 大使館, 総領事館の違いとは？　*7*

Ⅱ　日本の相続税の納税義務者・課税資産の範囲 ———— *8*

- Q01　日本の相続税（納税義務者と課税財産の範囲）　*8*
- Q02　日本の相続税（計算方法と留意点）　*11*
- Q03　非居住者への相続と小規模宅地の特例　*12*
- Q04　非居住者の相続税申告手続と納付　*15*
- Q05　非居住者の相続税申告手続（添付資料と留意点）　*17*
- Q06　非居住者への相続と延納・物納制度　*18*
- Q07　非居住者への相続と未上場株式の納税猶予の特例　*21*

Ⅲ　居住地国（海外）の相続税 ———— *24*

- Q01　相続人の居住地国（海外）での相続税　*24*
- Q02　相続税と外国税額控除制度　*29*

Ⅳ　非居住者に有価証券を相続させたときの日本の国外転出時課税 ———— *34*

- Q01　非居住者への相続と国外転出時課税　*34*
- Q02　国外転出（相続）時課税の計算方法　*38*
- Q03　遺産未分割と国外転出時課税　*42*

- Q04 国外転出時課税適用後の帰国（有価証券保有継続のケース） *45*
- Q05 国外転出時課税における納税猶予制度 *47*
- Q06 納税猶予と担保 *49*
- Q07 納税猶予と納税の免除 *51*
- Q08 納税猶予と納付 *52*
  - PLUS α 有価証券を相続した海外居住の相続人が2人以上いる場合はどうなるか？ *54*
- Q09 納税猶予と有価証券の時価下落 *55*
- Q10 納税猶予中の死亡や贈与の留意点 *57*
- Q11 国外転出（相続）時課税と上場株式等に係る譲渡損失の損益通算 *60*

V 相続した財産に係る日本のキャピタルゲイン課税 — *62*

- Q01 日本の譲渡所得税（不動産） *62*
- Q02 日本の譲渡所得税（有価証券） *64*
- Q03 相続財産を譲渡した際の取得費加算の特例 *67*
- Q04 非居住者の所得税申告手続 *69*

VI 居住地国（海外）のキャピタルゲイン課税 — *71*

- Q01 相続人の居住地国（海外）でのキャピタルゲイン課税 *71*

第2部 海外居住の日本人が贈与を受けた場合

I 日本での贈与手続き等の留意点 — *80*

- Q01 日本での贈与手続き（不動産） *80*
  - PLUS α サイン証明（署名証明）とはどのようなものなのか？ *83*

II 日本の贈与税（計算方法・特例） — *84*

- Q01 日本の贈与税の計算（現金贈与） *84*
  - PLUS α 贈与税の課税範囲は拡大してきた *89*

- Q02　日本の贈与税の計算（不動産・有価証券）　*90*
- ^{PLUS}α　海外居住の配偶者の贈与税の控除ができるか？　*93*
- Q03　贈与税申告の際の注意点　*94*
- Q04　非居住者と相続時精算課税制度　*97*
- Q05　非居住者と住宅取得資金贈与の特例　*99*
- Q06　非居住者と教育資金の一括贈与の特例　*102*
- Q07　非居住者と結婚・子育て資金の一括贈与の特例　*105*
- ^{PLUS}α　教育資金の一括贈与と結婚・子育て資金の一括贈与，どっちがお得か？　*128*

Ⅲ　居住地国（海外）の贈与税 ―― *109*

- Q01　非居住者の居住地国（海外）での贈与税　*109*

Ⅳ　非居住者に有価証券を贈与したときの日本の国外転出時課税 ―― *114*

- Q01　非居住者への贈与と国外転出時課税　*114*
- Q02　国外転出時課税適用後の帰国（有価証券保有継続のケース）　*116*
- Q03　国外転出時課税における納税猶予制度　*118*
- Q04　納税猶予と納税の免除　*120*
- Q05　納税猶予と納付　*121*
- ^{PLUS}α　納税猶予を受けた後に，子が帰国せずに資産を譲渡した場合の譲渡の通知は？　*122*
- Q06　納税猶予と有価証券の時価下落　*123*
- Q07　納税猶予中の死亡や贈与の留意点　*125*
- Q08　国外転出（贈与）時課税と上場株式等に係る譲渡損失の損益通算及び繰越控除　*127*

著者紹介　*129*

序 国境を越える相続・贈与—本書の解説の前提として

　昨今，海外に居住する方が増えています。海外転勤，留学，国際結婚など，その理由は様々でしょう。税理士が相続のお手伝いをする中で，相続人が海外にお住まいといったケースもかなり増えてきました。

　なかでも，家族全員が日本国籍で，お父さんの財産もすべて日本に所在しているが，お子さんの家族が海外に住んでいるといった場合が多くあります。この場合，例えば，お父さんに相続が発生した際，あるいは，お孫さんに生前贈与をする際には，どんな点に気を付けたらよいのでしょうか？

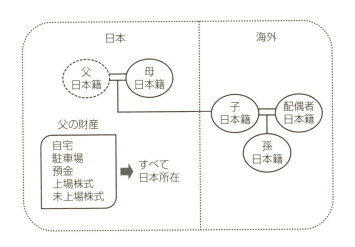

　上記の家庭で，お父さんにもし相続が発生したら，海外に住んでいるお子さんは，日本に住所がありませんから，印鑑証明書や住民票を取ることができません。かわりにサイン証明書や在留証明書といった書類を現地で取り寄せて，遺産分割協議や相続による名義変更の際に公的機関に提出することになります。

　被相続人・贈与者が日本に住んでいる場合は，すべての相続財産及び贈与財産に日本の相続税や贈与税がかかります。相続税・贈与税の計算には様々な特

例がありますが，海外に住んでいる方については，適用が受けられないものもあります。また，申告書の提出や納税の際には，日本で納税管理人を定める必要があります。

　一方，海外に住んでいるお子さんやお孫さんが，日本の財産を相続した場合や贈与を受けた場合には，居住している国で課税を受けることもあります。

　さらに，平成27年7月から，1億円以上の有価証券をお持ちの方が亡くなった場合に，海外に住んでいる相続人が有価証券を相続すると，有価証券の含み益に対し，「国外転出（相続）時課税」が被相続人の所得税として課せられることになりました。同様に，1億円以上の有価証券をお持ちの方が，海外に住んでいる方に有価証券を贈与すると，「国外転出（贈与）時課税」が贈与者において所得税として課せられます。

　この本では，家族全員が日本国籍を有している前提で，
① 日本に住んでいる方が亡くなって，財産は日本に所在するが，相続人が海外に住んでいるケース
② 日本に住んでいる方が，日本に所在する財産を，海外に住んでいる方に贈与するケース
を想定し，説明をしています。

　お子さんやお孫さんが海外居住の場合には，相続・贈与の手続き，相続税，贈与税の申告の際に留意すべき点が存在します。そして更に，国外転出時課税といった，新しい課税制度が適用されます。ポイントをしっかり押さえて，間違いのない計算や手続きを行いましょう。

第1部

海外居住の日本人が相続した場合

Ⅰ 日本での相続手続き等の留意点

Question 01 非居住者である相続人への相続の考え方

息子(相続人となる者)が数年来,仕事で海外に住んでいます。相続人が海外に住んでいるときの相続はどのように考えるのでしょうか。

Answer

① 日本人の相続なので日本の民法に従う
② 遺産分割協議等の手続きに時間を要する可能性が高いため,時間的余裕を持つことが必要
③ 国外転出時課税制度に係る所得税の申告忘れがないよう注意が必要

　相続が起こった際にその手続き等に関してどの国の法律が適用されるかについては,亡くなった方の国籍を基準に考えます。そのため,日本人が亡くなった場合の相続については,第一に日本の国内法である民法を基準とし考えることになります。つまり,法定相続人が誰になるのか,それぞれの相続人における法定相続分がどれだけあるのか,遺留分がどれだけあるのかという点などについて,すべて日本の民法に従って判断することになります。
　相続人が海外に居住している場合でも,遺産分割協議を行う際はその協議に参加しなければなりませんし,相続の放棄をする際も日本の裁判所で手続きを行わなければなりません。昨今は,インターネットの普及等により,情報収集,連絡等が以前に比べ格段に楽になっていますが,日本と距離が離れているのは事実ですから,時間的余裕をもって実際の手続きに関するスケジュールを組んでいくべきでしょう。
　また,被相続人の立場から考えてみますと,生前に日本国内において遺言を

作成する場合には，海外に住んでいる推定相続人へ財産を遺す旨を記載することや，その推定相続人を生命保険金の受取人に指定することができます。これらは，日本に住んでいる推定相続人への扱いと何ら変わることはありません。

ところで，平成27年度税制改正により国外転出時課税制度が導入されました（詳細は34ページ参照）。平成27年7月1日以後に，日本に住んでいる1億円以上有価証券を保有する被相続人に相続が発生した場合で，遺言等で海外に住んでいる相続人に当該有価証券が相続されるとき，もしくは，準確定申告の申告期限である相続発生日から4ヶ月以内に遺産が未分割であるとき等は，準確定申告において当該有価証券を譲渡したものとみなして所得税の計算を行い納税しなければなりません。相続人が海外に住んでいるケースでは，この制度に当てはまってしまう方も少なくないと思われますので留意が必要です。

Question 02 日本での相続手続きの留意点

相続人が海外に住んでいる場合と日本に住んでいる場合とで，相続手続きに何か違いはありますか。

Answer

① 基本的な手続きに違いはない
② ただし，相続手続きの際に通常必要とされる印鑑証明書の代わりにサイン証明，住民票の代わりに在留証明を在外公館で入手する必要がある

　相続人が海外に住んでいる場合でも，遺産分割協議や被相続人の遺産である不動産や預金等の名義変更などを行うことについて，基本的に手続きが異なることはありません。なぜならば，その手続きは日本国内で行うものがほとんどだからです。

　ただし，名義変更手続きなどを行う場合に法務局や金融機関等から印鑑証明書や住民票の提出を求められることがあります。海外に住んでいる方はこれらの書類を入手することができません。これらの書類は日本に住んでいる方にのみ発行されるものであるためです。

　そこで，その代わりとして，印鑑証明書であればサイン証明，住民票であれば在留証明を提出することになります。いずれも海外居住地の在外公館へ本人が出向き，入手する必要があります。

　また，海外に住む相続人が未成年である場合は，日本に住む未成年者と同様に，日本の家庭裁判所へ特別代理人の申立手続きが必要となります。

　以上が主なところですが，一般的に海外に住む相続人が，日本の金融機関で名義変更等や債務承継の手続きを行う場合，金融機関の担当の方がそういった手続きに慣れていないことが少なくありませんから，結果的に多くの時間を費やしてしまうことがよくあります。これらを踏まえ早め早めに情報収集と必要書類の収集を行って，時間的余裕をもった対応をするのがよいでしょう。

PLUS α　在外公館，大使館，総領事館の違いとは？

　在外公館とは，大使館，総領事館などを総称したものであり，世界各地200か所余りに置かれています。

　大使館は主にその国の首都に置かれ，その国に対して日本を代表し，外交・広報・情報収集活動・在留邦人の擁護・届出，申請，証明などの事務手続き等を行っています。

　総領事館は世界の主要な国の主に首都以外の場所に置かれ，おおざっぱにいうと大使館が行う業務のうち外交以外の部分を行っています。

　在留証明，サイン証明などの発行手続きはこれら在外公館で行うことになります。大使館，総領事館のどちらで手続きを行っても変わりなく，問題ありません。

　なお，相続人の住所地と在外公館が離れた場所にある場合には，その取得手続きに時間を要することもありますので，時間的余裕をもって手続きをすべきでしょう。

Ⅱ 日本の相続税の納税義務者・課税財産の範囲

Question 01 日本の相続税（納税義務者と課税財産の範囲）

相続人が海外に住んでいます。日本の相続税の納税義務者，課税される財産について教えてください。

Answer

被相続人が国内に住んでいて，相続人が海外に住んでいる場合，被相続人が残した遺産は，世界のどこにあるかの場所を問わずすべての財産が相続税の課税対象とされる

被相続人が国内に住んでいて，相続人が海外に住んでいる場合の，当該相続人の納税義務者の区分は「非居住無制限納税義務者」となります。非居住無制限義務者に該当する場合，日本国内に所在する財産のみならず国外に所在する財産も含めすべての財産が，日本の相続税の課税対象となります。この点において，相続人が国内に住んでいる場合となんら変わりありません。

なお，平成25年度税制改正前は，同じく被相続人が国内に住んでいて相続人が海外に住んでいた場合で，かつ，日本国籍を有していないときは，当該相続人の納税義務者の区分は「制限納税義務者」となり，日本の相続税法上課税される財産は，当該相続人が相続した日本国内に所在するもののみとされておりました。しかし改正後は，この海外に住んでいて日本国籍を有していない相続人の納税義務者の区分は「非居住無制限納税義務者」となり，課税財産の範囲も日本国内，国外問わずすべてと変更されましたので留意が必要です。

1　納税義務者

　納税義務者の区分は被相続人の相続時における居住状況と相続人の居住状況及び日本国籍等の有無によって、下記表のとおり①居住無制限納税義務者、②非居住無制限納税義務者、③制限納税義務者に区分されます。

　なお、本書でテーマとしている、「日本に住んでいる被相続人に相続が発生し、相続人が海外に住んでいるケース」では、当該相続人の納税義務者の区分は国籍や居住期間に関係なく②の非居住無制限納税義務者に該当します（┌──┐で囲まれた部分に該当します）。

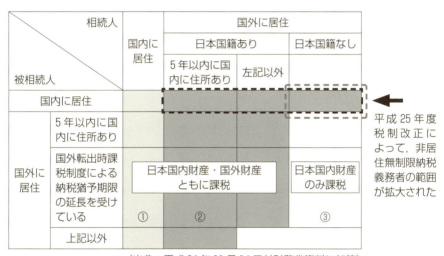

（出典：平成24年11月14日付財務省資料に加筆）

① □ 居住無制限納税義務者
② ■ 非居住無制限納税義務者
③ □ 制限納税義務者

2　課税財産の範囲

　課税財産の範囲は、上記表の①居住無制限納税義務者、②非居住無制限納税義務者、③制限納税義務者の区分によって異なります。日本の相続税は、基本的には日本国内財産、日本国外財産を問わず課税対象としています。ただし、制限納税義務者が取得する日本国外財産に限っては、日本の相続税の課税対象外となります。

なお，本書でテーマとしている，「日本に住んでいる被相続人に相続が発生し，相続人が海外に住んでいるケース」では，②の非居住無制限納税義務者に該当することから，相続財産の所在場所に関わらず，つまり日本国内財産も日本国外財産も含め全世界に所在する財産が課税対象となります。

納税義務者 / 課税財産の範囲	日本国内財産	日本国外財産
① 居住無制限納税義務者	課税	課税
② 非居住無制限納税義務者	課税	課税
③ 制限納税義務者	課税	対象外

Question 02 日本の相続税（計算方法と留意点）

相続人が海外に住んでいますが，日本の相続税の計算の留意点を教えてください。

Answer

障害者控除の適用を除き，相続人が日本に住んでいる場合と計算方法が変わることはない

　日本における相続税の計算上，相続人が日本に住んでいる場合と大きく変わることはありません。基礎控除の計算（3,000万円＋600万円×法定相続人の数）や生命保険金の非課税枠（500万円×法定相続人の数）の計算，相続開始前3年内の贈与財産の加算その他相続税の計算について，相続人が海外に住んでいることによって影響を受けることは一切ありません。つまり，相続人が日本に住んでいる場合と同じように相続税の計算をします。

　ただし，相続人が非居住無制限納税義務者（Q01を参照）である場合には，原則として障害者控除の適用がないことに留意が必要です。

【納税義務者区分別の税額控除の適用有無】

	居住無制限納税義務者	非居住無制限納税義務者
暦年課税分の贈与税額控除	○	○
配偶者の税額軽減	○	○
未成年者控除	○	○
障害者控除	○	×
相次相続控除	○	○
外国税額控除	○	○

Question 03 非居住者への相続と小規模宅地の特例

相続人が海外に住んでいる場合，小規模宅地等の減額の特例は適用できますか。

Answer

要件を満たせば適用することができる

1 小規模宅地等の減額の特例の概要

小規模宅地等の減額の特例とは，被相続人又は被相続人と生計を一にする者の居住の用又は事業の用に供されていた宅地等（借地権含む）について，その宅地等を相続又は遺贈により取得した相続人が一定の要件を満たした場合に，その宅地等の相続税評価額を居住用又は事業用であれば80％，不動産貸付事業用であれば50％減額できる制度です。

求められる一定の要件で主なものをまとめると以下の表のとおりです。

相続開始直前の状況			名称	取得者	継続要件（申告期限まで）		減額割合	限度面積
					所有	居住又は事業		
被相続人の居住用宅地等			特定居住用宅地等	配偶者	無	無	80％	330 m²
				同居親族	有	有	80％	330 m²
				別居親族（一定の者に限る）	有	無	80％	330 m²
事業用	被相続人の事業用宅地等（貸付事業用を除く）		特定事業用宅地等	親族	有	有	80％	400 m²
	被相続人の貸付事業用	不動産貸付業（同族会社に賃貸）	特定同族会社事業用宅地等	役員である親族	有	有	80％	400 m²
			貸付事業用宅地等	親族	有	有	50％	200 m²
		不動産貸付業（同族会社以外に賃貸）		親族	有	有	50％	200 m²

2　特定居住用宅地等

　被相続人の居住用宅地等を，①配偶者，②相続発生後10ヶ月間所有・居住継続要件を満たす同居親族，③一定の要件を満たす別居親族のいずれかが，相続又は遺贈により取得した場合には，当該取得した部分に限り特定居住用宅地等として，330 m² までの部分につき相続税評価額を80％減額できます。

　配偶者が海外に住んでいる場合は，相続するだけで要件を満たすので適用にあたっての問題は特にないかと思われます。

　実務で一番多いと考えられる，相続人が別居親族で海外に住んでいる場合は，下記のすべてを満たす場合に限り適用できます。

① 被相続人には配偶者，同居していた法定相続人がいないこと
② 相続する本人が日本国籍を有していること
③ 相続開始前3年以内に，その相続人本人もしくはその本人の配偶者の所有する日本国内にある家屋に居住したことがない者であること
④ 相続した居住用宅地等を，相続税の申告期限である相続発生後10ヶ月間所有し続けていること

　よって，例えば一人暮らしの母が日本で亡くなり，その自宅について国際結婚をして海外に住んでいる日本国籍を有する娘が相続し，10ヶ月間所有し続けるような場合には，特定居住用宅地等として80％減額を受けられることになります。

　なお，別居親族として80％減額を受けるためには下記の書類を，相続税申告書に添付して税務署に提出する必要があります。

① 戸籍謄本
② 遺言書又は遺産分割協議書の写し
③ 印鑑証明書
④ 住民票の写し
⑤ 戸籍の附票の写し等

　このうち印鑑証明書については，海外居住者については入手することができないため，代替としてサイン証明を相続発生後に在外公館で入手し，税務署へ提出することになります。同様に，住民票や戸籍の附票についても，代替とし

て在留証明を入手し提出する必要があります。

> ※　同居親族で海外に住んでいる場合というのは通常はないと考えられるため今回の検討からははずしています。

3　貸付事業用宅地等

　被相続人の不動産貸付事業用宅地等を，相続発生後10ヶ月間所有・事業継続要件を満たす親族が，相続又は遺贈により取得した場合には，当該取得した部分に限り，貸付事業用宅地等の200㎡までの部分につき相続税評価額を50％減額できます。

　特定居住用宅地等の場合とは異なり，相続人が日本国籍を有しているか否かは関係ありません。実質的には，海外に居住する相続人が日本国内にあるその不動産貸付業を継続できるかどうかが，特例を受けるためのポイントといえるでしょう。

Question 04 非居住者の相続税申告手続と納付

海外に住んでいる相続人の，日本の相続税は誰が申告するのですか。また納税はどのようになりますか。

Answer

① 海外に住んでいる相続人自ら行うのではなく，相続人が納税管理人を選任し，当該納税管理人が申告手続きを行う
② 納税は，相続人が日本に居住している場合と同様に，相続発生後10ヶ月以内に原則として金銭一括で行う

1 納税管理人の選任

海外に住んでいる相続人が，日本における相続税の申告手続きを行わなければならない場合には，まず納税管理人の選任手続きをし，届出書を税務署へ提出しなければなりません。提出先は，相続税の申告書の提出先の税務署と同じです。納税管理人は日本国内に住所又は居所を有する者でなければならず，実務的には他の共同相続人や税理士などに依頼するケースが多いと思われます。

相続税申告書の提出は，他の共同相続人との連名で被相続人の死亡時の住所地の所轄税務署に提出します。相続税申告書の提出手続きについては，納税管理人の選任手続きを除き，相続人が国内に住んでいる場合となんら変わることはありません。

2 納税方法

相続税の納税方法は金銭一括納付が原則です。相続発生後10ヶ月以内に，金融機関での振込により，もしくは税務署で直接納税します。納税管理人が納めることになりますが，海外から一旦日本へ送金し納税するようなケースでは，期限ぎりぎりとならないよう時間的余裕をもって納税資金の手当てや送金を行ったほうがよいでしょう。

金銭納付が困難である場合，分割払いである延納や，不動産等などの相続財

産そのものを納税に充てる物納を選択することができます。ただし，いずれの方法を選択する場合も細かな要件（例えば担保提供，金銭納付困難理由書の作成など）が定められていますので，期限までに間に合うよう計画を立てて早めに準備しておく必要があります。

　また，非上場株式を相続し，経営を引き継ぐ場合などにおいては，当該非上場株式に係る課税価格の80％に対応する相続税の納税が猶予される制度を適用することができます（第1部Ⅱ Q7参照）。

　これら延納，物納，非上場株式に係る納税猶予の制度は，国内に住んでいる相続人のケースと変わらず，海外に住んでいる相続人であっても要件さえ満たせば適用することができます。

Question 05 非居住者の相続税申告手続（添付資料と留意点）

海外に住んでいる相続人の日本の相続税申告の際，添付資料に何か留意点はありますか。

Answer

相続税申告の添付書類として必要とされる印鑑証明書の代わりにサイン証明，住民票の代わりに在留証明を在外公館で入手し提出する

相続税の申告に際して，遺産分割協議書のコピーを添付する場合には印鑑証明書を，また小規模宅地等の減額の特例の適用を受ける場合には住民票などを，提出することがあります。これらの場合には前述のとおり，印鑑証明書に代えてサイン証明を，また住民票に代えて在留証明が必要となります。それぞれの入手には時間を要しますので，早めに対処するほうがよいでしょう。

Question 06 非居住者への相続と延納・物納制度

海外に住んでいる相続人は，日本の相続税の延納・物納制度を適用できますか。

Answer

相続人が海外に住んでいる場合でも相続税の延納制度・物納制度の適用を受けることができる

相続税は，申告期限までに金銭により一括で納付することが原則となります。しかし，金銭で一括納付をすることが困難である場合には，担保を提供したうえで税務署に延納の申請を行うことにより，分割で納付することができます。この方法を延納といいます。

さらに，延納によっても金銭で納付することが困難である場合には，税務署に物納の申請を行うことにより，相続により引き継いだ財産で納付することができます。この方法を物納といいます。なお，物納に充てる財産は，国内に所在する財産でなければなりません。

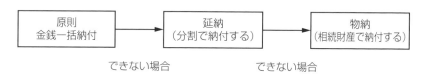

ただ，延納・物納を行うには，事前準備，申告書への添付書類の作成等，金銭一括納付の場合と比較して多くの手続きや作業が生じ，非常に手間のかかるものです。日本居住者が物納・延納を行うときでも，周到な事前準備を行って対応しているのが一般的です。海外でそれらの作業を行うのは非常に大変なものです。

実際に行う場合は専門家に相談し，綿密なスケジュール管理，事前準備を行う必要があり時間的余裕をもって対応することが必要でしょう。

以下，延納制度・物納制度を説明します。

1 延納制度について

(1) 適用のための要件

延納の許可を受けるには，以下のすべての要件を満たす必要があります。

① 相続税額が 10 万円を超えること
② 金銭で一括納付することが困難であること
③ 延納税額と利子税の額に相当する担保を提供すること

※ 延納税額が 100 万円以下，かつ延納期間が 3 年以下である場合には担保の提供は必要ありません。

④ 延納申請期限までに，延納申請書を税務署に提出すること

(2) 担保の種類

担保として提供できる財産の種類は，国債，地方債，社債等の有価証券，土地，建物等の不動産等となります。なお，相続及び遺贈（以下「相続等」といいます）により取得した財産に限らず，相続人が相続等以前から保有していた財産や第三者が所有している財産であっても担保として提供することができます。また，国外財産についても，制限がありませんので担保提供の申請ができます。ただし，提出書類の関係や，その相続税を徴収できる金銭的価値を有するものでなければならないことから，許可されるかどうかは税務署等の判断となります。

(3) 延納期間

延納のできる期間と延納税額に係る利子税の割合については，その相続人の相続税額の計算の基礎となった財産の価額の合計額のうちに不動産等の価額の占める割合によって以下のように変わることになります。

項目	期間及び利率
延納期間	相続により取得する財産における不動産の割合により，5 年〜20 年の延納最長期間となります。
利子税（利率）	相続により取得する財産における不動産の割合により，年率 0.2 ％〜1.4 ％となります（平成 28 年 1 月 1 日現在）。

2 物納制度について

(1) 適用のための要件

物納の許可を受けるには，以下のすべての要件を満たす必要があります。

① 延納によっても金銭で納付することを困難であること

② 国内にある相続財産で以下のもの

第1順位　国債，地方債，不動産，船舶

第2順位　社債，株式，証券投資信託又は貸付信託の受益証券

第3順位　動産

※ 第1順位の財産から物納に充てていき，第1順位に適当な価額のものがない場合に限って第2順位，次に第3順位の財産を物納に充てることができます。

③ 管理処分不適格財産に該当しないものであること。物納劣後財産に該当する場合には，他に物納に充てるべき適当な財産がないこと

④ 物納申請期限までに，物納申請書及び関係書類を税務署に提出すること

(2) 管理処分不適格財産，物納劣後財産とは

① 管理処分不適格財産

管理処分不適格財産とは，物納をすることができない財産をいい，以下のような財産をいいます。

イ　担保権が設定されている不動産，権利の帰属について争いがある不動産　等

ロ　譲渡制限株式や権利の帰属について争いがある株式　等

② 物納劣後財産

物納劣後財産とは，他に適当な財産がない場合にのみ物納ができる財産をいい，以下のような財産をいいます。

イ　賃借権，地役権等が設定されている土地，借地権　等

ロ　事業の休止をしている法人の株式　等

Question 07 非居住者への相続と未上場株式の納税猶予の特例

海外に住んでいる相続人は，未上場株式に係る相続税の納税猶予の特例の適用ができますか。

Answer

相続人が海外に住んでいる場合でも，未上場株式の納税猶予制度の適用を受けることができる

相続人が海外に住んでいる場合でも，日本居住者である場合と同じように要件を満たすときには，未上場株式の納税猶予制度の適用を受けることができます。今後，先代経営者の相続により海外居住の相続人が事業承継者となるケースが増えてくると思われます。事業承継者が海外居住の場合でも未上場株式に係る相続税の納税猶予制度の検討は行うべきであると思われます。

実際は，海外居住の事業承継者が国内の事業を承継できるかどうか重要なポイントとなってきます。業種にもよりますが，海外居住の状態で事業を承継するのは，非常に難しい現実があります。

早めに承継をするかしないか検討を十分に行い，承継をしないならば，事業の整理もしくはM&Aによる事業の売却を検討することが必要でしょう。

以下，未上場株式に係る相続税の納税猶予制度について説明します。

1 未上場株式に係る相続税の納税猶予制度の概要

相続人が，相続及び遺贈（以下，「相続等」とします）により，非上場会社の株式及び出資（以下「株式等」とします）を先代経営者である被相続人から取得し，引き続きその会社を経営していく場合には，その相続人が納付すべき相続税のうちその非上場株式等に係る課税価格の80％に対応する相続税の納税が猶予されます。

2 特例を受けるための要件等

「中小企業における経営の承継の円滑化に関する法律」に従い、会社が経済産業大臣の認定を受けるため、原則として相続開始後8ヶ月以内に経済産業局に申請を行う必要があります。

(1) 会社の主な要件
① 経済産業大臣の認定を受けた中小企業者であること
② 常時使用する従業員が1人以上であること
③ 資産保有型会社又は資産運用型会社に該当しないこと
④ 相続の開始の日の属する事業年度の直前の事業年度の総収入金額がゼロではないこと
⑤ 経営承継相続人等以外の者が拒否権付き株式を有していないこと　等

(2) 先代経営者である被相続人の主な要件
① 相続開始前のいずれかの日において会社の代表権を有していたことがあること
② 相続の開始直前において、被相続人及び被相続人と特別の関係がある者で総議決権数の50％超の議決権数を保有し、かつ被相続人が保有する議決権数が経営承継をする相続人を除いたこれらの者の中で最も多くの議決権数を保有していたこと　等

(3) 事業承継者の主な要件
① 相続開始の直前に役員であったこと（被相続人が60歳未満で死亡した場合等を除く）
② 相続開始の日の翌日から5ヶ月を経過する日において会社の代表権を有していること
③ 相続人及び相続人と特別の関係がある者で総議決権数の50％超の議決権数を保有し、かつこれらの者の中で最も多くの議決権数を保有することとなること

④ 相続税の申告期限まで特例の適用を受ける非上場株式等のすべてを保有していること　等

3　特例を受けるための手続き

① 特例を受ける旨を記載した相続税の申告書をその申告期限までに必要事項を記載した書類を添付して税務署へ提出すること
② 申告書の提出期限までに非上場株式等納税猶予税額及び平均寿命年分の利子税の額に見合う担保を提供すること　等

4　特例適用後の手続き

原則として，相続税の申告期限後の5年間は毎年，5年経過後は3年ごとに，所轄税務署に「非上場株式等についての相続税の納税猶予の継続届出書」を提出する必要があります。

なお，継続届出書の提出がない場合には，原則としてこの特例の適用が打ち切られ，非上場株式等納税猶予税額と以下の算式により算定した利子税を納付しなければなりません。

ただし，納税猶予期間が5年超となった場合には，申告期限から5年間について利子税が免除されます。

$$利子税の割合 = \frac{3.6\% \times 特例基準割合（0.1\%未満の端数は切り捨て）}{7.3\%}$$

※　平成28年の利子税の割合は，0.8％となります。
※　特例基準割合とは，各年の前々年の10月から前年の9月までの各月における銀行の新規の短期貸出約定平均金利の合計を12で除して得た割合として各年の前年の12月15日までに財務大臣が告示する割合に，年1％の割合を加算した割合をいい，平成28年は，1.8％となります。

III 居住地国（海外）の相続税

Question 01 相続人の居住地国（海外）での相続税

海外に住んでいる相続人が，日本の財産を相続した場合，その居住地国でも相続税（又は遺産税）がかかることがありますか。

Answer

海外に住んでいる相続人が日本国内で起こった相続により日本の財産を相続しても，その相続人の住んでいる国で相続税がかかることがある

1 遺産税方式と遺産取得税方式

人の死亡を起因として生じる財産の移転について課税する場合，その制度設計として，大きく，遺産税方式と遺産取得税方式という2つの方法があります。

遺産税方式とは，亡くなった人の遺産そのものが税金を負担する力があると考えて，その遺産すべてに対して課税する，つまり，被相続人に納税義務を課す，という方法です。この方法を採用している国では，被相続人を基準として，被相続人がその国に居住している場合や，その国の市民権を有する（国籍を有する）場合に，当該被相続人の遺産すべてを課税の対象としています。

一方で，遺産取得税方式とは，相続人や受遺者その人が，財産の移転を受けたことについて，財産をもらったのだから税金を負担する力があると考えて，その相続人や受遺者に納税義務を課す，という方法です。この方法を採用している国では，被相続人の居住地等にかかわらず，その国に住んでいる者が相続により財産を取得したのであれば，その取得した者に対して取得した財産すべてを対象として，相続税を課税します。

英米法の国々では遺産税方式を採用している国が一般的です。被相続人の遺

産（Estateと一般的に呼ばれています）が納税義務を負いますので，被相続人の遺産から債務を引いた残額に対して税率をかけて遺産税を計算します。債務や遺産税等の納税を済ませてから，財産が残っていれば，初めて相続人に分配できる，という法体系となっています。

　一方で，遺産取得税方式では，遺産をまず相続人や受遺者に移転して，もらった人がもらった財産のなかから（もしくは，もらった人の固有の財産で）相続税の納税義務を負担することになります。この場合に被相続人の債務も承継している者がいれば，もらった財産から承継した債務を引いた残額に対して税率をかけて税金を計算します。余談ですが，納税義務が相続人にあるということは，仮に，被相続人の相続財産が不動産と預金しかなく，2人の相続人が，それぞれ1人は不動産，1人は預金を相続することとしたようなケースで，不動産しかもらわなかった相続人が，納税に際して手持ちの現金で支払うことについては問題ありませんが，万が一，他方の相続人が相続した預金で相続税を負担してしまった場合には，当該2人の相続人間で贈与の問題が生じてしまう，ということになります。

2　日本は遺産取得税方式を採用，納税義務者は相続人

　日本では，遺産取得税方式を原則としており，納税義務者は相続人です。正確には，遺産税方式と遺産取得税方式の折衷方式を採用しています。納税義務は相続人にありますが，課税の公平の観点から，まず被相続人を基準として，課税対象となる遺産を，当該被相続人に係る日本の民法上の法定相続人が，法定相続分に応じて取得したと仮定した場合のトータルの相続税額を計算し，そのトータルの納税額を実際に財産を取得した各相続人に配分して負担させています。また，納税義務者と課税対象財産の範囲の判断に際しては，相続人のみならず，被相続人が日本に住んでいるか否か等も要件に含めています（詳しくは，日本の納税義務者の箇所（第1部Ⅱ Q1）をご確認ください）。

　簡単に言ってしまうと，相続人が日本に居住している場合には，たとえ被相続人が日本国外に居住している場合であっても，当該日本居住者である相続人がもらった相続財産すべてが日本の相続税の対象となります。

よくあるケースとして，例えば，米国居住者の日系3世である米国人叔母から，日本に住んでいる日本人の姪に遺言で財産の一部が遺贈された場合，日本の相続税の課税対象は，被相続人の遺産すべてではなく，日本居住者である受遺者がもらった分のみとなります。
　一方で，被相続人が日本に居住しているが，相続人が日本国外に居住しているケースも，被相続人の財産すべてが日本の相続税の課税対象となります。

3　相続人が遺産取得税方式を採用している国に住んでいると，現地で相続税がかかる

　被相続人が日本居住者であり，かつ，相続財産が日本国内に所在するケースであっても，相続人が居住している国において，遺産取得税方式を採用している場合には，その相続人の居住地国において，相続税がかかることがあります。
　上述のように，海外では被相続人を納税義務者とする遺産税方式を採用している国が多いのですが，中には日本と同じように，被相続人が居住者である場合のみならず，相続人が居住者である場合にも相続税を課税する国があります。
　一例として，フランスを紹介します。フランスでは，相続税の納税義務者と課税財産の範囲を原則として以下のとおりとしています。

被相続人がフランス居住者である場合	被相続人の全世界財産を課税対象
被相続人がフランス非居住者であるが，フランスとの租税条約締結国（主にイギリスと他のEU各国が該当）の居住者である場合	フランス所在の不動産のみ課税対象
被相続人がフランス居住者でも租税条約締結国の居住者でもない場合	相続人（受遺者）が被相続人の死亡時点においてフランスの税法上居住者とみなされる場合に，相続により取得した全世界財産が課税対象 ※　相続人がフランスに居住している場合であって，かつ，被相続人の死亡日以前10年間のうちに少なくとも6年間フランス居住者である場合には，相続人（受遺者）は実質的にフランスに本拠地（domicile）を有しているものとみなされます。

そうすると，被相続人が日本人・日本居住者であって，相続財産が日本国内にあるものの，相続人の1人が，フランス人と結婚してフランスに長く住んでいるようなケースですと，フランスにおいて相続税がかかる可能性があることになります。実務ではこのようなケースにあたる際には当初からフランスの専門家に依頼して，申告の要否の具体的な判断や申告が必要な場合の手続き等をお願いすることとなります。

4 遺産税方式を採用している国の例

同じく，被相続人が日本居住者であり，かつ，相続財産が日本国内に所在するケースを想定します。相続人が居住している国で遺産税方式を採用している場合，居住地国で相続税がかかるのは，被相続人が居住地国の居住者又は居住地国市民の場合，又は，財産が居住地国に所在する場合に限られます。したがって，そのどちらにも当てはまらない場合には，相続により財産を取得しても，相続人の居住地国では相続税がかからないことになります。

一例として，米国を紹介します。

米国では遺産税方式を採用しており，相続税（遺産税）の納税義務者と課税対象財産の範囲は，原則として，次のようになっております。

① 被相続人が米国市民又は米国居住者である場合：全世界財産を課税対象
② 上記以外：米国所在財産のみを課税対象

そうすると，被相続人が日本居住者であり，かつ，相続財産が日本国内に所在するケースでは，上記①②のいずれにも該当しないため，米国に居住している相続人には，米国では遺産税がかからない，ということになります。

5 居住地国で相続財産を取得したことの報告義務がある国

居住地国で相続税がかからなくても，非居住者から贈与や相続により財産を取得したこと等を報告する義務を課している国がありますので，相続人は，居住地国のルールについて相続税以外の手続き等にも注意する必要があります。

例えば，米国ではForm3520といって，米国市民や米国居住者が非居住外国人等から贈与や相続による財産移転を受けた際に，その移転を受けた財産の

内容を IRS（米国内国歳入庁）に報告する義務が課せられています。提出期限は原則として贈与や相続により財産の移転を受けた年の，翌年の所得税確定申告書の提出期限（毎年原則として4月15日）と同日となっています。この Form3520 のペナルティは最低 10,000US ドルと規定されており，決して軽いものではありません。

　ここでは一例として米国の例を紹介しましたが，国によってルールは異なり，また，ペナルティ等の程度も日本の感覚とは随分異なることもありますので，相続人が後で気づいて大変な思いをすることもあります。

　税金も含めて，相続の際の様々なルールは相続人の居住国によって異なるのだ，ということを充分念頭に置いて対処するのがよいでしょう。

Question 02 相続税と外国税額控除制度

海外に住んでいる相続人が日本の財産を相続して，日本でも居住地国でも相続税（又は遺産税）がかかる場合には，外国税額控除制度を受けることができますか。また，それは，日本と居住地国どちらで受けるのでしょうか。

Answer

① 海外に住んでいる相続人が日本の財産を相続して，日本でも居住地国でも相続税がかかる場合には日本国内の財産について二重に相続税がかかっているので，外国税額控除制度により，二重課税を排除することが可能
② この場合の外国税額控除制度の適用の可否は，日本ではなく，居住地国において検討することになる

1　相続税における外国税額控除制度の概要

　相続税は財産に対して課税する制度です。ですので，国際的な二重課税排除の問題は，同一の財産に対して，2ヶ国以上の国が相続税や遺産税を課税した際に生じます。その場合の二重課税の排除の制度は，一般的には，自国以外の国に所在する財産に対して海外でも税金がかかった場合に，自国における税金の計算に際して，外国の税金を控除する仕組みとなっています。したがって，自国内に所在する財産に他国が相続税や遺産税を課税してきたとしても，この二重課税については自国で面倒をみてあげるのではなく，その際の二重課税排除は海外で面倒をみてもらってください，ということになります。

　二重課税の話を少し広げますと，現実には，例えば，自国からみた海外財産について，その財産の所在地国だけでなく，自国でも財産所在地国でもない，第三国までもが相続税や遺産税をかけてくることがあります。日本では，この第三国による課税については外国税額控除の対象外としています。また，海外では，相続に際して，相続税という制度は導入していないものの，キャピタルゲイン課税を導入している国がありますが，このキャピタルゲイン課税は所得税です。ですので，日本では，相続税における外国税額控除の対象外というこ

とになっています。このように、各国の外国税額控除の制度によって、控除可能な海外の税金の範囲が異なりますので、注意が必要です。なお、二重課税を排除するという趣旨で比較的多くの国が国内法において外国税額控除制度を規定していますので、実務においては、租税条約締結の有無にかかわらず、まず現地の国内法において適用可能性を探っています。

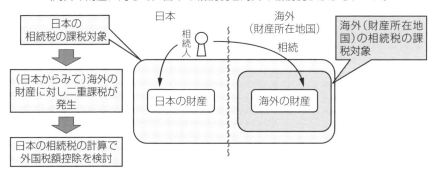

2 日本に所在する財産について居住地国でも相続税を納税した場合には、居住地国において外国税額控除の適用を検討

　本稿で想定しているケースでは、日本に所在する財産について日本で相続税がかかり、かつ、相続人が居住している国においても相続税が課税されるケースです。外国税額控除は、自国からみて海外に所在する財産について二重に税金がかかっている際に適用の可能性がありますので、検討すべきは、相続人が居住している国における相続税制度において外国税額控除の適用を受けることができるのかどうか、ということになります。日本を基準にすると、日本国内にある財産について二重に課税されていますので、日本の相続税においては、外国税額控除の議論の余地はありません。

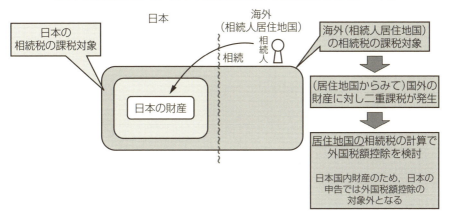

　各国の相続税の制度概要，及び，日本の財産を相続により取得した居住者について，その居住地国での相続税の課税の有無等をまとめましたので，以下で紹介します。

【居住地国（海外）】

	相続税の有無	納税義務者	税率	基礎控除
米国	有	被相続人（遺産財団）	18％〜40％	・被相続人が米国市民・米国居住者のケース：課税遺産ベースで543万US ドル ・被相続人が米国非居住者のケース：課税遺産ベースで6万US ドル（但し日米租税条約あり）
英国	有	被相続人（遺産財団）	40％（一定の寄付を行った場合は36％）	32万5千ポンド
中国	無	—	—	—
台湾	有	①遺言執行人あり：遺言執行人 ②遺言執行人なし：相続人又は遺贈を受けた者 ③上記①②のいずれもなし：遺産管理人	10％	1,200万元
香港	無	—	—	—
韓国	有	相続人	10％〜50％	2億ウォン
シンガポール	無	—	—	—
オーストラリア	無	—	—	—
ニュージーランド	無（※1）	—	—	—

（※1） 事業用資産や譲渡益がインカムゲイン課税される資産を相続した場合は，相続時の
（※2） 2015年6月時点の情報による。

の相続税】

日本財産の相続に対する課税の有無	外国税額控除制度の有無
被相続人が日本人かつ日本居住者（米国市民権や永住権なし）の場合は，課税なし	制度はあるが，被相続人が日本人かつ日本居住者（米国市民権や永住権なし）の場合に，日本財産の相続に課税はないので，適用なし
被相続人が日本に本拠地を有している場合は，課税なし	制度はあるが，被相続人が日本に本拠地を有している場合に，日本財産の相続に課税はないので，適用なし
―	―
被相続人が恒常的に台湾国外に居住する台湾国民及び外国人である場合には，課税なし	制度はあるが，被相続人が日本居住者の場合に，日本財産の相続に課税はないので，適用なし
―	―
韓国居住者は，課税あり ※韓国居住者とは以下のいずれかをいう ①韓国国内に住所を有する者 ②韓国国内に1年以上居所を有する者	有
―	―
―	―
―	―

時価でこれらの資産を譲渡したものとして，インカムゲイン課税。

Ⅳ 非居住者に有価証券を相続させたときの日本の国外転出時課税

Question 01 非居住者への相続と国外転出時課税

海外に住んでいる相続人が有価証券を相続しました。平成27年7月1日から日本において所得税が課されるようになったと聞きましたが，どのような制度ですか。

Answer

① 平成27年7月1日から国外転出時課税制度が始まった
② この制度は，含み益を有する有価証券等を保有したまま国外転出し，キャピタルゲイン非課税国で譲渡することにより課税逃れを行うことを防止する措置

1 国外転出時課税制度について

(1) 背景

株式等を売却した際のキャピタルゲインについては，日本と諸外国との間で締結されている租税条約により，多くの国において，原則としてその株式等を保有する者の居住地国でのみ課税されることとなっています。そのため，これまでは，多額の含み益を有する株式等を保有する者が外国に移住し，その国でキャピタルゲインについて非課税となっている場合は，当該キャピタルゲインに対してどの国においても課税されないということが可能となっていました。そこで，このような状況に対応するため，平成27年度税制改正により国外転出時課税制度が導入されました。

(2) 適用対象者及び適用対象となる場合

本制度は，日本居住者で，時価1億円以上の有価証券等を保有しており，かつ，直近の過去10年以内に5年超日本に居住している者が，平成27年7月1日以後に，①国外転出をする場合，②有価証券等を非居住者に贈与した場合，又は③有価証券等を相続・遺贈により非居住者に移転した場合には，その有価証券等を時価で譲渡したものとみなして，含み益に対して所得税を課す，というものです。

(3) 納税猶予

本制度による課税は，実際には譲渡していない未実現の所得に対する課税であり，納税資金が不足する場合や短期間の海外転勤で有価証券等を譲渡せずに日本に帰国する場合などが考えられることから，選択により，一定の場合に5年間（最長10年間）の納税猶予を受けることができます。

上記 **(2)** ①～③のそれぞれの場合において，納税猶予を受けるためには，確定申告書又は準確定申告書にその旨を記載し明細書を添付するとともに，期限までに納税管理人の届出と担保の提供が必要となります（上記 **(2)** ②の場合で贈与者が国外転出をしないときは，納税管理人の届出は必要ありません）。また，猶予期間中は毎年，継続適用届出書を提出しなければなりません。

納税猶予期間は最長10年間ですから，海外在住期間が10年より長くなりそうな場合は注意が必要です。

(4) 課税の取消し

5年（納税猶予期間の延長を受けている場合は10年）以内に有価証券等を譲渡せずに日本に帰国をした場合など一定の場合には，更正の請求をすることにより，本制度による課税の取消しを受けることができます。

2 国外転出（相続）時課税制度について

(1) 国外転出（相続）時課税制度の概要

上記 **1 (2)** ③の場合を，「国外転出（相続）時課税制度」といいます。

すなわち，日本居住者で，時価1億円以上の有価証券等を保有しており，かつ，相続開始日前10年以内に5年超日本に居住している者が，平成27年7月1日以後に死亡し，相続又は遺贈により有価証券等を非居住者が取得した場合には，その亡くなった方がその有価証券等を相続開始時に時価で譲渡したものとみなして，含み益に対して所得税が課されます。

　なお，有価証券等とは，所得税法に規定する有価証券（上場株式・非上場株式，公社債，投資信託など），匿名組合契約の出資持分，未決済の信用取引又は発行日取引，及び未決済のデリバティブ取引をいいます。ただし，ストックオプションで国内源泉所得を生ずべきものは除かれます。

(2) 1億円以上となるかどうかの判定時期及び国外財産を含むか否か

　有価証券等の価額の合計額が1億円以上となるかどうかについては，相続開始時に被相続人が保有していたすべての有価証券等の価額の合計額で判定します。

　また，判定の対象となる資産には，被相続人が国内に保有していた有価証券等だけでなく，国外で保有していた有価証券等も含まれます。

(3) 海外に住んでいる相続人が相続により取得した有価証券が1億円未満の場合

　上記(2)の金額基準の判定は，海外に住んでいる相続人が相続により取得した有価証券等の金額により判定するわけではありませんから注意が必要です。

　例えば，被相続人（日本居住者で，相続開始前10年以内に5年超日本に居住している）が時価1億円の有価証券等を保有しており，そのうち5,000万円を海外に住んでいる相続人が相続により取得した場合は，相続開始時に被相続人が保有していた有価証券等の価額の合計額が1億円以上ですから本制度の適用対象となり，そのうち海外に住んでいる相続人が取得した5,000万円相当の有価証券等に係る含み益に対して所得税が課されることとなります。

(4) 所得税の申告・納付

　国外転出（相続）時課税制度により課される所得税について，被相続人の所得税の申告（準確定申告）は，相続開始から4ヶ月以内に相続人が行わなければなりません。

3　相続税における取り扱い

　相続により財産を取得した相続人は，相続開始から10ヶ月以内に相続税の申告を行い，相続税を納付しなければなりません。

　上記2による所得税の額は，相続税の計算上，債務控除の対象となります。

Question 02 国外転出（相続）時課税の計算方法

国外転出（相続）時課税制度による税金の計算方法を具体的に教えてください。

Answer

次の算式によって計算されます。

（相続開始日における有価証券等の時価－取得費）×15.315％

　国外転出（相続）時課税制度の適用がある場合，適用対象となる有価証券等を時価で譲渡したものとみなして，含み益に対して所得税が課されます。
　この場合，その含み益による所得は，所得税の計算上，一般的に譲渡所得となる[※1]と思われますから，所得税額は次の算式によって計算されます。

（相続開始日における有価証券等の時価－取得費）×15.315％[※2]

※1　国外転出時課税制度において，適用対象となる有価証券等の含み益による所得は，譲渡所得のほか，事業所得又は雑所得となる場合があります。
※2　15.315％は，復興特別所得税を含みます。また，住民税（5％）は課されません。

1　国外転出（相続）時課税制度における取り扱い

(1) 価額の算定方法

　相続開始日における有価証券等の時価は，次の①～③の区分に応じ，それぞれの方法により算定します。

① 有価証券・匿名組合契約の出資持分

　原則として，所得税基本通達の取り扱いに準じて求めた価額により，算定します。主なものについては，次のとおりです。

種　類			算定方法
株式等	金融商品取引所に上場されているもの		金融商品取引所の公表する最終価格
	上記以外	売買実例のあるもの	最近において売買の行われたもののうち適正と認められる価額
		類似する他の法人の株式の価額のあるもの	その類似する他の法人の株式の価額に比準して推定した価額
		上記以外	その株式の発行法人の1株当たりの純資産価額等を参酌して通常取引されると認められる価額
公社債	利付公社債	金融商品取引所に上場されているもの	金融商品取引所の公表する最終価格＋（既経過利息の額－源泉所得税相当額）
		日本証券業協会において売買参考統計値が公表される銘柄として選定されたもの	売買参考統計値の平均値＋（既経過利息の額－源泉所得税相当額）
		上記以外	発行価額＋（既経過利息の額－源泉所得税相当額）
	割引公社債	金融商品取引所に上場されているもの	金融商品取引所の公表する最終価格
		日本証券業協会において売買参考統計値が公表される銘柄として選定されているもの	売買参考統計値の平均値
		上記以外	発行価額＋（券面額－発行価額）×（発行日から課税時期までの日数÷発行日から償還期限までの日数）
匿名組合契約の出資持分	売買実例のあるもの		最近において売買の行われたもののうち適正と認められる価額
	上記以外		匿名組合契約を終了した場合に分配を受けることができる清算金の額

② 未決済の信用取引又は発行日取引

【有価証券の売付けをしている場合】

　売付けをした有価証券のその売付けの対価の額から，次のイ～ハの区分に応じ，それぞれの金額に有価証券の数を乗じて計算した金額を控除した金額
　　イ　取引所売買有価証券
　　　金融商品取引所において公表された相続開始日における最終売買価格

ロ　店頭売買有価証券及び取扱有価証券

　金融商品取引法の規定により公表された相続開始日における最終売買価格

ハ　その他価格公表有価証券

　価格公表者によって公表された相続開始日における最終売買価格

【有価証券の買付けをしている場合】

　買付けをした有価証券の時価評価額（上記イ～ハの区分に応じ，それぞれの金額）に有価証券の数を乗じて計算した金額から，有価証券のその買付けの対価の額を控除した金額

③　未決済のデリバティブ取引

　次のイ～ニの区分に応じ，それぞれの金額となります。

イ　市場デリバティブ取引等

　市場デリバティブ取引等につき，金融商品取引所又は外国金融市場における相続開始日の最終価格により取引を決済したものとした場合に授受される差金に基づく金額，又はこれに準ずるものとして合理的な方法により算出した金額

ロ　先渡取引等

　先渡取引等につき，その先渡取引等により当事者間で授受することを約した金額を相続開始日の現在価値に割り引く合理的な方法により割り引いた金額

ハ　金融商品オプション取引

　金融商品オプション取引につき，金融商品オプション取引の権利の行使により当事者間で授受することを約した金額，相続開始日の権利の行使の指標の数値及び指標の予想される変動率を用いた合理的な方法により算出した金額

ニ　金融商品取引法に規定するデリバティブ取引のうち，上記イ～ハ以外の取引

　上記イ～ハの金額に準ずる金額として合理的な方法により算出した金額

(2) 外貨建ての有価証券

　外貨建ての有価証券については，相続開始日の対顧客直物電信売相場（TTS）と対顧客直物電信買相場（TTB）の仲値（TTM）により円換算をします。

2　相続税・贈与税における取り扱い

　国外転出（相続）時課税制度又は国外転出（贈与）時課税制度の適用対象となる有価証券につき，相続税や贈与税を計算する場合のその有価証券の時価は，財産評価基本通達にしたがって評価した金額となります。所得税を計算する場合の上記1の方法と異なりますので，注意してください。

Question 03 遺産未分割と国外転出時課税

海外に住んでいる相続人が有価証券を相続しなかった場合や，被相続人が亡くなってから4ヶ月以内に遺産分割が決まらなかった場合には，国外転出（相続）時課税制度による課税はありますか。

Answer

① 相続開始日から4ヶ月以内に遺産分割が確定しており，かつ，海外に住んでいる相続人が有価証券等を取得しないことが決まっている場合は，国外転出（相続）時課税制度による課税はない
② そのほかの場合は，課税がある。ただし，その後，遺産分割協議の成立等の一定の事由が生じ，海外に住んでいる相続人が有価証券等を取得しないこととなった場合には，国外転出（相続）時課税制度による課税がなかったものとして，課税の取消しを受けることができる

　国外転出（相続）時課税制度が適用されるのは，海外に住んでいる相続人（非居住者）が相続又は遺贈により有価証券等を取得した場合です。遺言がある場合は，海外に住んでいる相続人（非居住者）が有価証券等を取得するか否かを相続開始時に判断することができますが，遺言がない場合は，相続開始時に判断することができないので，被相続人の所得税の申告（準確定申告）の期限内，すなわち相続開始日から4ヶ月以内に遺産分割が確定しているかどうかがポイントとなります。

1　相続開始日から4ヶ月以内に遺産分割が確定している場合

　被相続人が遺言書を残している場合や，被相続人が亡くなってから4ヶ月以内に遺産分割協議が成立した場合で，その結果として海外に住んでいる相続人が有価証券を相続しなかったときは，国外転出（相続）時課税制度による課税は行われません。

2 相続開始日から4ヶ月以内に遺産分割が確定していない場合

　被相続人が遺言書を残していない場合において，被相続人が亡くなってから4ヶ月以内に遺産分割協議が成立しなかったときは，被相続人の所得税の申告（準確定申告）の期限時点では，当該有価証券を実際に誰が取得するかわからない，ということになります。このような場合は，各相続人が民法の規定による法定相続分にしたがってその有価証券を取得したものとされ，海外に住んでいる相続人（非居住者）の法定相続分に応じた部分が国外転出（相続）時課税制度による課税の対象となります。例えば，相続人が日本に住んでいる配偶者（居住者）と海外に住んでいる子（非居住者）の2人のみであったとすると，未分割である当該有価証券の2分の1（子の法定相続分）に相当する部分について，国外転出（相続）時課税制度による課税が行われます。

3 相続開始日から4ヶ月以内に遺産分割が確定せず，その後確定した場合

　ところで，上記2の場合において，その後遺産分割協議が成立し，海外に住んでいる相続人が当該有価証券を取得しないこととなった場合や，法定相続分よりも低い割合で相続した場合はどのようになるのでしょうか。その場合には，海外に住んでいる相続人が実際に取得しなかった有価証券は国外転出（相続）時課税制度の適用対象となりませんから，国外転出（相続）時課税制度による課税がなかったものとして，課税の取消しを受けることができます。すなわち，相続人が被相続人の所得税の申告（準確定申告）をして納付した所得税について，更正の請求の手続きにより還付を受けることができます。

　一方，遺産分割協議が成立し，海外に住んでいる相続人が取得する有価証券等の割合が法定相続分より多くなった場合には，国外転出（相続）時課税制度により課税される税額が増加しますから，被相続人の所得税の申告（準確定申告）について，相続人は修正申告をして追加で所得税を納めなければなりません。

　なお，上記更正の請求又は修正申告の取り扱いは，遺産分割協議の成立のほかにも下表の一定の事由が生じた場合にあてはまります。また，更正の請求又

は修正申告の手続きは，一定の事由が生じた日から4ヶ月以内に行わなければなりません。

一 定 の 事 由
① 未分割の有価証券等について民法の規定による相続分により相続したものとして国外転出（相続）時課税制度の適用があった後に遺産分割協議が成立したこと。
② 強制認知の判決の確定等により相続人に異動が生じたこと。
③ 遺留分減殺請求による返還等すべき金額が確定したこと。
④ 遺言書が発見され，又は遺贈の放棄があったこと。
⑤ 上記①から④に準ずるものとして政令で定める事由が生じたこと。

Question 04 国外転出時課税適用後の帰国（有価証券保有継続のケース）

国外転出（相続）時課税制度の適用を受け，所得税を納付しました。その後，有価証券を相続した海外に住んでいる相続人がその有価証券を売却せずに日本へ帰国した場合は，どのようになりますか。

Answer

相続人等は，帰国から4ヶ月以内に更正の請求の手続きを行うことにより，既に納付した税額の還付を受けることができる

1 課税の取消し

　国外転出（相続）時課税制度に係る税額を納付した後，その適用対象である有価証券等を取得した非居住者である相続人等が，相続開始日から5年以内に，次の①～③のいずれかの場合に該当するときは，その相続人等が相続開始日から帰国時まで引き続き所有していた有価証券等については，国外転出（相続）時課税制度による課税がなかったものとして，課税の取消しを受けることができます。

　ただし，適用対象である有価証券等に係る所得の計算につき，その計算の基礎となるべき事実について隠蔽又は仮装があった場合には，その隠蔽又は仮装があった事実に基づき計算される所得については，課税の取消しを受けることはできません。

	課税の取消しを受けられる場合	課税の取消しを受ける範囲
①	有価証券等を相続した非居住者である相続人の全員が帰国（※）した場合	帰国の時まで所有している有価証券等
②	非居住者である相続人が有価証券等を居住者に贈与した場合	居住者に贈与した有価証券等
③	非居住者である相続人が死亡し，死亡した者から有価証券等を相続した相続人のすべてが居住者となった場合	死亡した者から相続した有価証券等

※ 帰国とは，日本国内に住所を有し，又は現在まで引き続いて1年以上居所を有することとなることをいいます。すなわち，一時帰国は除かれます。

2 手続き

　課税の取消しを受ける場合は，その帰国等をした相続人等が帰国等から4ヶ月以内に更正の請求の手続きを行わなければなりません。相続人等は，更正の請求の手続きを行うことにより，既に納付した税額の還付を受けることができます。

3 相続税における取り扱い

　国外転出（相続）時課税制度に係る所得税の額につき，相続時に相続税の計算上，債務控除をしていた場合において，更正の請求を行うことにより所得税の還付を受けたときは，相続税の計算上，債務控除の額が減少しますから，相続人等は相続税の修正申告を行うこととなります。

Question 05 国外転出時課税における納税猶予制度

国外転出（相続）時課税制度の適用がある場合において，納税を猶予してもらうことはできますか。

Answer

一定の要件を満たす場合には，5年間（届出により最長10年間）納税が猶予される納税猶予制度を受けることができる

　国外転出（相続）時課税制度は，実際に有価証券等を売却していない未実現の所得に対する課税です。有価証券等を売却して現金にしていませんので，納税資金が不足することが想定されることや，有価証券等を相続した相続人が一時的な海外勤務者で有価証券等を売却せずに帰国を予定していること等も想定されるため，納税猶予制度が設けられています。

　国外転出（相続）時課税に係る納税猶予を受けるためには，以下の①～③の要件をすべて満たす必要があります。

① 相続人が提出する被相続人に係る準確定申告書に，納税猶予の適用を受けようとする旨の記載があり，かつ，納税猶予分の所得税額の計算に関する明細書を添付すること
② 有価証券等を相続により取得した非居住者の全員が，準確定申告書の提出期限までに，納税管理人の届出をすること
③ 相続人が，準確定申告書の提出期限までに，納税猶予分の所得税額及び納税猶予期間（5年又は10年）に対応する利子税に相当する担保を提供すること

　納税猶予を受けることができる期間は，原則として相続開始の日から5年を経過する日までとされますが，届出により更に5年間延長することができ，最長10年を経過する日まで納税猶予を受けることができます。

　納税猶予期間中は，各年の12月31日に非居住者である相続人が保有する国外転出（相続）時課税に係る有価証券等の状況を記載した継続適用届出書

を，相続人全員の連署により翌年3月15日までに税務署長に提出し続けなければなりません。この届出書の提出をしなかった場合は，提出期限（3月15日）から4ヶ月を経過する日をもって納税猶予は終了します。納税猶予が終了した場合には，猶予を受けた所得税及び利子税を納税しなければなりません。

なお，期限後申告，修正申告，更正又は決定に係る所得税については納税猶予の適用を受けることができません。ただし，期限内申告について計算の誤りのみに基づいてなされる修正申告又は更正については納税猶予の適用を受けることができます。この場合の担保については修正申告書の提出日の翌日又は更正通知書の発送日の翌日から1ヶ月以内に提供しなければなりません。

Question 06 納税猶予と担保

Q05において，納税猶予を受ける場合の担保について教えてください。

Answer

納税猶予の担保は，担保に供することができる財産は限定されており，その評価についても定めがある

　納税猶予を受けるために税務署に提供する担保の額は，「担保に係る国税が完納されるまでの利子税等及び担保の処分に要する費用をも十分に担保できる価額のもの」とされており，具体的には，当該納税猶予分の所得税及び納税猶予期間（5年又は10年）に対応する利子税の合計額が必要になります。

　また，担保として提供できるもの及び当該担保の見積価額は，以下のように定められています。

	担保の種類	担保の見積価額
①	国債	額面金額
②	地方債	時価の8割以内において担保提供期間中の価額変動を考慮した金額
③	社債・その他の有価証券（上場社債，上場株式等）	
④	土地	時価の8割以内において適当と認める金額
⑤	建物等	時価の7割以内において担保提供期間中の減耗等を考慮した金額
⑥	保証人の保証（税務署長が確実と認める者）	その保証する金額
⑦	金銭	金銭の額

　なお，担保として提供する財産は，相続財産に限定されることはありません。相続人固有の財産や，相続人の配偶者や親族，第三者の財産でもその所有者の承認を得れば担保に供することができます。

担保提供手続きとして税務署に提出する具体的な書類は以下のとおりです。

担保の種類	担保の提供手続き
①～③，⑦	税務署の所在地にある法務局等に供託した供託書の正本
④⑤	抵当権を設定するために必要な書類
⑥	保証人の保証を証する書面

Question 07 納税猶予と納税の免除

Q05において、猶予されていた税額を納付しなくてよいこととなるのは、どのような場合ですか。

Answer

一定の事由に該当することとなった場合には、更正の請求により猶予された税額を納付しなくてよい

　国外転出（相続）時課税に係る所得税につき納税猶予を選択している相続人が、相続開始日から5年を経過する日（納税猶予期限の延長を受けている場合は、10年を経過する日）までに、次の①～③のいずれかの場合に該当するときは、非居住者である相続人が相続開始日以後引き続き有していた有価証券等については、更正の請求の手続きにより国外転出（相続）時課税制度による課税を取り消すことができます。すなわち、納税猶予された所得税を納付しなくてよいことになります。

	課税の取消しを受けられる場合	課税の取消しを受ける範囲
①	有価証券等を相続した非居住者である相続人の全員が帰国（注）した場合	帰国の時まで所有している有価証券等
②	非居住者である相続人が有価証券等を居住者に贈与した場合	居住者に贈与した有価証券等
③	非居住者である相続人が死亡し、死亡した者から有価証券等を相続した相続人のすべてが居住者となった場合	死亡した者から相続した有価証券等

　なお、更正の請求の手続きは、上記①～③のいずれかに該当することとなった日から4ヶ月以内に行わなければなりません。

（注）　帰国とは、日本国内に住所を有し、又は現在まで引き続いて一年以上居所を有することとなることをいいます。即ち一時帰国は除かれます。

Question 08 納税猶予と納付

Q05において，猶予されていた税額を納付しなければならないこととなるのは，どのような場合ですか。

Answer

納税猶予を受けている期間中に一定の事由に該当することとなった場合には，納税猶予は終了し，猶予を受けた所得税と猶予期間に係る利子税を納付しなければならない

　国外転出（相続）時課税に係る所得税につき納税猶予を選択している相続人が，相続開始日から5年を経過する日（納税猶予期限の延長を受けている場合は，10年を経過する日）までに，次の①～④のいずれかの場合に該当することとなったときは，納税猶予は終了し，猶予を受けた所得税及び利子税を納付しなければなりません。

	納税猶予が終了する場合	納税猶予終了日
①	納税猶予期間（5年又は10年）が満了した場合	満了日の翌日以後4ヶ月を経過する日
②	非居住者である相続人が，納税猶予期限までに有価証券等の譲渡・贈与等をした場合（譲渡・贈与等した有価証券等に対応する税額のみ）	譲渡・贈与等をした日から4ヶ月を経過する日
③	納税猶予に係る継続適用届出書を提出期限まで提出しなかった場合	提出期限から4ヶ月を経過する日
④	納税猶予期限前に自ら納税猶予に係る所得税を納付する場合	全部の納付があった時

　利子税の割合は，年7.3％と特例基準割合（平成28年は1.8％）のいずれか低い割合とされ，結果，平成28年中は年1.8％となります。

　なお，相続人がその納税猶予に係る所得税を納付した場合には，被相続人に係る相続税の計算上，納付した所得税につき債務控除の額が増加するため，そ

の納付した日の翌日から4ヶ月以内に，相続税について更正の請求をすることができます。

有価証券を相続した海外居住の相続人が2人以上いる場合はどうなるか？

　国外転出（相続）時課税の対象となる被相続人の相続人のうち，非居住者が2人以上いる場合は，注意が必要です。

　Q07で述べた国外転出（相続）時課税制度による課税を取り消すことができるのは，一般的には，①有価証券等を相続した非居住者である相続人の全員が帰国した場合，又は，②非居住者である相続人が有価証券等を居住者に贈与した場合です。

　仮に，非居住者である相続人のうち1人（仮にAさんとします）が帰国し，もう一方の相続人（仮にBさんとします）が帰国しない場合には，Aさん，Bさんの両者とも課税の取消しを受けることはできません。

　しかし，帰国せず非居住者であるBさんは②の方法により相続した有価証券等を居住者に贈与する場合には，その贈与した有価証券等については課税の取消しを受けることができます。

　したがって，有価証券を相続した非居住者である相続人が2人以上いる場合には，納税猶予の適用を受けるか否か，将来の帰国の有無などについて相続人全員で十分な話し合いをする必要があります。

Question 09 納税猶予と有価証券の時価下落

国外転出（相続）時課税制度の適用があり，納税猶予を受けていましたが，猶予期間が終了し，猶予されていた税額を納付しなければならないこととなりました。この場合において，有価証券の時価が下落していたときは，何か特別な措置がありますか。

Answer

猶予期間の満了又は有価証券等の譲渡・贈与等により納税猶予を受けている所得税を納付することとなった場合で，納税猶予を受けている有価証券等の時価が下落しているときは，その下落した時価で納付する所得税を再計算できる救済措置がある

　国外転出（相続）時課税に係る所得税につき納税猶予を受けている相続人について，猶予期間（5年又は10年）が満了した場合には，Q08で述べたとおり，納税猶予に係る所得税及び利子税を納付しなければなりません。

　納税猶予に係る所得税は，非居住者である相続人が相続した有価証券等を相続時点の時価で譲渡したものとみなして計算された所得税ですが，猶予期間満了時の当該有価証券の時価が相続時点の時価よりも下落しているときは，この下落した価額で納付する所得税を再計算することができます。

　なお，この救済措置は納税猶予期間が満了した場合のほか，非居住者である相続人が，納税猶予期限までに有価証券等の譲渡・贈与等をした場合にも適用があります。この場合には，譲渡時の譲渡価額又は贈与等をした時の時価により納付すべき所得税の再計算をすることができます。

```
                        納税猶予期間
           ┌─────────────────────────┐
      X1年   X2年   X3年   X4年   X5年  X6年
  ────×─────┼─────┼─────┼─────┼─────×──────→
      相続開始                         4ヶ月以内に
                                      更正の請求
```

【相続開始日】	【納税猶予期間満了時】
株式　　　　　1万株	株式　　　　　1万株
時価　　　　@5,000円	時価　　　　@2,000円
取得価額　　@1,000円	取得価額　　@1,000円
含み益　　4,000万円	含み益　　1,000万円

∴納税猶予額	更正の請求により
4,000万円×15.315%＝612万6,000円	∴納税猶予額
	1,000万円×15.315%＝153万1,500円
	⇒所得税153万1,500円+利子税　を納付

Question 10 納税猶予中の死亡や贈与の留意点

国外転出（相続）時課税制度の適用があり，納税猶予を受けている場合において，日本の相続税・贈与税について注意することはありますか。

Answer

相続税・贈与税の納税義務（課税財産の範囲）の判定において，相続人・受贈者は原則として非居住無制限納税義務者に該当することとなる

1 相続税の納税義務（課税財産の範囲）の判定での注意点

　国外転出（相続）時課税の対象となる者の死亡（以下「第1次相続」）により，有価証券等を相続し，納税猶予（5年又は10年）を受けている非居住者（以下「第1次相続人」）が死亡した場合で，その者の相続人（以下「第2次相続人」）も非居住者であり，かつ，日本国籍を有するときは，第1次相続人はその死亡した日前5年以内のいずれかの時において，日本国内に住所を有していたものとみなされ，結果，第2次相続人は第1次相続人の相続税の納税義務の判定上，非居住無制限納税義務者となります[注]。

（注）　第1次相続人が第1次相続開始前5年以内に日本国内に1度も住所を有したことがないときは，この取り扱いはされません。

　例えば，日本国籍を有する父子がともに国外転出し，国外転出日から5年経過後に父が死亡し，子が財産を相続する場合には，子は相続税の制限納税義務者となり，国外の相続財産については相続税の課税対象となりません。

　ただし，父が国外転出後，5年以内に国外転出（相続）時課税の対象となる祖父から有価証券等を相続して，国外転出（相続）時課税の納税猶予を受けている場合には，父子ともに父の相続開始前5年以内に日本に居住していなくても，当該父は自己の相続開始前5年以内のいずれかの時において日本国内に住所を有していたものとみなされ，子は父の相続税の納税義務の判定上，非居住無制限納税義務者となります。

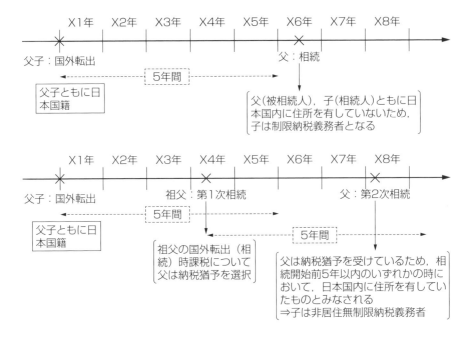

2 贈与税の納税義務（課税財産の範囲）の判定での注意点

　国外転出（相続）時課税の対象となる者の死亡により、有価証券等を相続し、納税猶予（5年又は10年）を受けている非居住者が財産の贈与をした場合で、その受贈者が非居住者であり、かつ、日本国籍を有するときは、その贈与者は贈与前5年以内のいずれかの時において、日本国内に住所を有していたものとみなされ、結果、受贈者は贈与税の納税義務の判定上、非居住無制限納税義務者となります[注]。

　　（注）　贈与者が国外転出（相続）時課税にかかる相続開始前5年以内に日本国内に1度も住所を有したことがないときは、この取り扱いはされません。

3 相続税の債務控除

　相続税の計算をする際の債務控除には、納税猶予を受けている所得税は含まれません。

　ただし、Q08で述べたとおり、猶予を受けていた国外転出（相続）時課税

に係る所得税を納付した場合には，被相続人に係る相続税の計算上，納付した所得税につき債務控除の額が増加するため，その納付した日の翌日から4ヶ月以内に，相続税について更正の請求をすることができます。

Question 11 国外転出（相続）時課税と上場株式等に係る譲渡損失の損益通算

国外転出（相続）時課税の対象とされた有価証券等が含み損となる上場株式等の場合に，上場株式等に係る譲渡損失の損益通算の適用は受けられますか。

Answer

平成28年1月1日以後に，国外転出（相続）時課税の適用により生じた上場株式等の譲渡損失（みなし譲渡損）については，上場株式等に係る譲渡損失の損益通算の適用を受けることができる

1 上場株式等に係る損益通算の概要

上場株式等に係る譲渡損失の損益通算とは，上場株式等の譲渡により生じた損失の金額を，その年分の上場株式等に係る配当所得，利子所得等の金額から控除することができる特例です。

なお，上場株式等とは上場株式，上場投資信託又は公募投資信託の受益権，特定公社債等をいいます。

2 対象となる譲渡

上場株式等に係る譲渡損失の損益通算は，金融商品取引業者又は登録金融機関への売り委託により行う上場株式等の譲渡や，金融商品取引業者に対する上場株式等の譲渡など，一定の譲渡により生じた譲渡損失のみが対象となっており，国外転出（相続）時課税の適用によるみなし譲渡は対象となりませんでした。

しかし，平成28年度税制改正において，この一定の譲渡に国外転出（相続）時課税によるみなし譲渡が追加されました。平成28年1月1日以後に国外転出（相続）時課税により生じたみなし譲渡損失について，被相続人の準確定申告において上場株式等に係る損益通算の適用を受けることが可能となります。

具体的には，国外転出（相続）時課税により生じるみなし譲渡損益と，実際

の株式等の実現譲渡損益は,「一般株式等」と「上場株式等」に区分し,それぞれでみなし譲渡損益と実現譲渡損益を相殺します(同じ株式等に係る譲渡所得同士の相殺ですので,平成28年度税制改正に関係なく相殺可能です)。そして,平成28年1月1日以後は,相殺しきれない上場株式等に係る国外転出(相続)時課税によるみなし譲渡損失がある場合には,上場株式等に係る配当所得,利子所得等の金額から控除することができます。

V 相続した財産に係る日本のキャピタルゲイン課税

Question 01 日本の譲渡所得税（不動産）

海外に住んでいる相続人が，相続した日本の不動産を売却をした場合における日本の譲渡税の課税関係について教えてください。

Answer

① 非居住者が日本国内にある不動産を売却等したときは，日本で所得税が課税されることとなる
② 所得税における譲渡所得の金額の計算方法は，居住者の場合と同様となる。ただし，住民税は課税されない

　我が国の所得税法では，国内に住所を有し，又は現在まで引き続き1年以上居所を有する個人を居住者とし，居住者以外の個人を非居住者としています。
　海外に住んでいる相続人が非居住者に該当する場合は，その者の所得のうち日本の国内で発生したもの（以下「国内源泉所得」といいます）についてのみ日本の所得税が課税されます。国内にある不動産（土地，借地権，建物，附属設備，構築物等）の売却等により対価を得た場合は，国内源泉所得に該当します。
　したがって，非居住者が日本国内にある不動産を売却等したときは，日本で所得税が課税されることとなり確定申告が必要です。
　なお，この場合の譲渡所得の金額の計算方法は，居住者の場合と同様となりますが，住民税は課税されません。

① 長期譲渡所得（譲渡した年の1月1日において所有期間が5年を超えるもの）

$$\left(\begin{array}{l}譲渡収入\\金\quad額\end{array} - 取得費 - 譲渡費用\right) \times \begin{array}{l}所得税率\ 15.315\%\\(復興税含む)\end{array} = 所得税額$$

② 短期譲渡所得（譲渡した年の1月1日において所有期間が5年以下のもの）

$$\left(\begin{array}{l}譲渡収入\\金\quad額\end{array} - 取得費 - 譲渡費用\right) \times \begin{array}{l}所得税率\ 30.630\%\\(復興税含む)\end{array} = 所得税額$$

※ 取得費がわからない場合や，実際の取得費が譲渡価額の5％よりも少ないときは譲渡収入金額の5％を取得費（概算取得費）とすることができます。

　一方，非居住者や外国法人（以下「非居住者等」といいます）から日本国内にある不動産を購入してその対価を支払う者は，対価を支払う際に，対価の10.21％を所得税及び復興特別所得税として源泉徴収をしなければなりません。源泉徴収をした場合にはその翌月の10日までにその源泉徴収をした金額を納付する必要があります。

　なお，個人が自己又はその親族の居住の用に供するために非居住者等から不動産を購入した場合で，かつ，その不動産の譲渡対価が1億円以下である場合には，その個人は，支払の際に源泉徴収をしなくてもよい特例が設けられています。

　また，日本は各国とどちらの国が課税する権利を有するかを取り決めた租税に関する条約（以下「租税条約」といいます）を締結しています。その租税条約では，不動産の売却等による所得については，日本の所得税制度と同様にその不動産の所在地国に課税権を与えるものが一般的となっています。念のため，専門家に相談をして確認してみることをお勧めします。

Question 02 日本の譲渡所得税（有価証券）

海外に住んでいる相続人が，相続した日本の有価証券を売却をした場合，日本の譲渡税の課税関係について教えてください。

Answer

① 日本国内において事業を行っていない相続人が有価証券を売却等した場合，原則として日本国において所得税の課税がされない
② 相続した有価証券を譲渡した場合の所得税の計算は，国外転出時課税が適用されているか確認する必要がある

　我が国の所得税法では，国内に住所を有し，又は現在まで引き続き1年以上居所を有する個人を居住者とし，居住者以外の個人を非居住者と規定しています。
　海外に住んでいる相続人が所得税法上の非居住者に該当する場合，その者の所得のうち日本の国内で発生したもの（以下「国内源泉所得」といいます）についてのみ日本の所得税が課税されることとなります。
　非居住者が，日本の有価証券を売却等した場合は国内源泉所得に該当しますが，その課税関係は，日本国内に恒久的施設を有するか否かで異なります。国内において行う事業から生ずる所得について，恒久的施設を有する非居住者は課税となりますが，恒久的施設を持たない非居住者の場合には，原則，非課税となっています。

1　恒久的施設について

　恒久的施設は，以下のいずれかに該当する施設をいいます。
　① 支店，事務所，工場等
　② 1年を超えて行う建設作業等
　③ 自己のために契約を締結する代理人等

2　恒久的施設を有しない非居住者が有価証券を譲渡した場合の課税関係

(1) 国外転出時課税の納税猶予制度の適用を受けていない有価証券

　日本国内において事業を行っていない相続人は，恒久的施設を有しない非居住者に該当することになると考えられます。恒久的施設を有しない非居住者が有価証券を売却等した場合，原則として日本国において所得税の課税がされません。

　ただし，例外として以下のいずれかに該当する場合，それらの所得が国内源泉所得となり所得税の課税対象となります。これらに該当する場合は日本で確定申告が必要です。

① 　日本法人の株式の買い集めをし，その後その株式を譲渡した場合
② 　日本法人の株式を25％以上保有している者が，その年に5％以上譲渡した場合
③ 　日本の不動産関連法人株式（その法人の総資産の価額の合計額のうち日本にある土地等の価額の総額が50％以上である法人の株式等）を譲渡した場合
④ 　日本にあるゴルフ場の利用権株式を譲渡した場合
⑤ 　日本滞在している間に日本法人の株式を譲渡した場合

　※　上記②③の株式の譲渡については，日本が各国と締結した租税条約により，日本で免税となる場合があります。該当する場合は，専門家に相談をして確認してみることをお勧めします。

(2) 国外転出時課税の納税猶予制度の適用を受けた有価証券

　平成27年7月1日より適用開始となった国外転出時課税の適用がある者で，国外転出時課税の納税猶予制度の適用を受けた者が対象となった有価証券を売却等した場合については，納税猶予期間の満了等により納税猶予が終了した場合を除き，日本において譲渡所得税が課税されることになります（第2部Ⅳ Q7参照）。

3　譲渡所得税の計算方法

有価証券を譲渡した場合の所得税は，以下の算式により算定することになります。

$$\left(\begin{array}{c}譲渡収入\\金\quad\quad額\end{array} - 取得費^{(※)}\right) \times \begin{array}{c}所得税率\ 15.315\%\\(復興税含む)\end{array} = 所得税額$$

※　取得費について，原則として有価証券を取得するために支出した金額となりますが，国外転出時課税が適用された有価証券については，国外転出時課税により譲渡したものとみなされた有価証券の収入金額（時価）とされた金額となります。
　　また，取得費がわからない場合や，実際の取得費が譲渡価額の5％よりも少ないときは，譲渡価額の5％を取得費（概算取得費）とすることができます。

Question 03 相続財産を譲渡した際の取得費加算の特例

海外に住んでいる相続人が相続した日本の財産を売却した場合，相続財産を譲渡した場合の取得費の特例（取得費加算の特例）は適用できますか。

Answer

国外に住んでいる相続人が，相続した日本の財産を売却等した場合においても，取得費加算の特例の適用ができる

　相続財産を譲渡した場合の取得費の特例（取得費加算の特例）は，相続税の申告期限の翌日以後3年を経過する日までにその相続した財産の売却等をした場合，その生じた売却益を抑制し課税される譲渡税を減少させることができる制度です。

　海外に住んでいる相続人が相続した日本の財産の売却等をした場合，相続人が居住者に該当するときと同様に，取得費加算の特例の適用ができます。

　多額の売却益が生じる相続財産を売却する場合においては売却時期を考慮に入れて特例の適用ができるかどうか検討を行うべきでしょう。

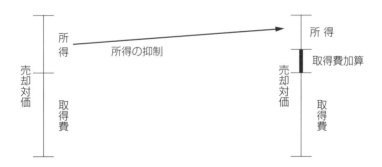

　以下，取得費加算の特例について説明します。

1 相続財産を譲渡した場合の取得費の特例(取得費加算の特例)の概要

　取得費加算の特例は,譲渡所得税の計算において相続により取得した財産を一定期間内に売却等をした場合に,相続税額のうち一定金額を譲渡資産の取得費として含める制度をいいます。

2 特例を受けるための要件

　以下の要件のすべてを満たす場合に適用ができます。
① 相続や遺贈により財産を取得した者であること
② その財産を取得した人が相続税を納付していること
③ その財産を,相続開始のあった日の翌日から相続税の申告期限の翌日以後3年を経過する日までに譲渡していること

3 取得費に加算する相続税額

$$\text{取得費加算の額} = \text{その者の相続税額} \times \frac{\text{その者の相続税の課税価格の計算の基礎とされたその譲渡した資産の価額}}{\text{その者の相続税の課税価格(債務控除前)}}$$

　上記により算定した金額が,この特例を適用しないで計算した売却益(売った金額から取得費,譲渡費用を差し引いた差額)の金額を超える場合は,その売却益相当額が限度となります。

4 この特例を受けるための手続き

　この特例を受けるためには,相続税の申告書の写し,取得費加算の計算明細書,譲渡所得の内訳書等を添付の上で確定申告をすることが必要となります。

Question 04 非居住者の所得税申告手続

海外に住んでいる相続人が，日本の所得税の確定申告を行う場合の留意点を教えてください。

Answer

① 納税管理人の届出が必要となる
② 所得税の計算における所得税額控除の適用が制限される
③ 申告期間は，居住者の場合と同じく，翌年2月16日から3月15日までとなる

　海外に住んでいる者が日本の所得税の確定申告を行う場合は，納税管理人制度，所轄税務署，所得控除等の留意点があります。

1　納税管理人

　確定申告書を提出するまでに「所得税の納税管理人の届出書」を所轄の税務署に提出しなければなりません。この届出書を提出した後は，確定申告関係書類は納税管理人あてに送付されることとなります。

2　所轄税務署

　確定申告は非居住者の納税地の所轄税務署に対して行います。納税管理人の所轄税務署ではありません。
　具体的な所轄税務署は，国内に事務所等を有する場合は，その事務所等の所在地，その者の親族等が引き続き居住している場合は，その親族等の居住地の所轄税務署となります。

3　所得控除

　海外に住んでいる相続人が所得税額の計算をする場合，所得控除については，雑損控除，寄附金控除，基礎控除が適用できます。他の所得控除について

は適用できません。

所得控除	居住者	非居住者
雑損控除	○	○
医療費控除	○	
社会保険料控除	○	
小規模企業共済等掛金控除	○	
生命保険料控除	○	
地震保険料控除	○	
寄附金控除	○	○
障害者控除	○	
寡婦（寡夫）控除	○	
勤労学生控除	○	
配偶者（配偶者特別）控除	○	
扶養控除	○	
基礎控除	○	○

4　申告期間，納税期限

　居住者である場合と同じく，申告期間は，翌年2月16日から3月15日までとなり，3月15日までに納付する必要があります。

5　非居住者の親族の扶養控除の適用（参考）

　平成28年分の所得税確定申告や年末調整より，非居住者である親族の扶養控除，配偶者控除，配偶者特別控除，障害者控除の適用を受ける居住者は，親族関係書類と送金関係書類を添付しなければならないこととなります。
　①　親族関係書類：パスポートのコピーや，外国政府等が発行した書類で，その非居住者がその居住者の親族であることを証するもの
　②　送金関係書類：非居住者である親族の生活費又は教育費に充てるためのその居住者からの支払が，必要の都度行われたことを明らかにするもの

VI 居住地国（海外）のキャピタルゲイン課税

Question 01 相続人の居住地国（海外）でのキャピタルゲイン課税

海外に住んでいる相続人が，日本の不動産や株式を相続して，その後に譲渡した場合，居住地国（海外）の譲渡所得税はかかるのでしょうか。

Answer

① 居住地国でも日本の不動産や株式の譲渡について譲渡所得税（キャピタルゲイン税）を課されることがある
② 譲渡所得を計算する際の取得費の取り扱いについても，国により異なる
③ 日本でも居住地国でも譲渡所得税がかかった場合には，外国税額控除制度適用の可否を検討する

1 相続した不動産や株式を，その後譲渡した場合の居住地国での譲渡所得税

そもそも，個人に対する所得税の課税範囲というのは，国によって異なります。

一般的には，全世界所得課税，すなわち，居住者に対して，国内源泉所得と国外源泉所得の両方を課税対象としている国が多いのですが（日本や米国など），国によっては，居住者に対しても原則として国内源泉所得に対してのみ課税する国（シンガポールなど）や，居住者に対しては，原則として国内源泉所得，及び，国外源泉所得のうち国内で受け取ったもののみを対象とする国（タイなど）もあります。また，国によっては，キャピタルゲインに対しては課税しない国もあります（ニュージーランドなど）。

そうすると，相続人が居住している国において全世界所得課税の方法を採用しているのであれば，相続した不動産をその後譲渡した場合には，その不動産が日本に所在する場合であっても，居住地国において，所得税が課税される可能性があります。

　また，上述のように，国外源泉所得でも国内に持ち込んだ，又は，国内で収受した場合にのみ課税する国もありますので，このような国に居住している場合には，売却代金の受け取り方法（居住地国へ持ち込むのか，日本においておくのか，など）によって異なるかもしれません。キャピタルゲインに対して課税しない国に相続人が居住している場合には，相続した不動産や株式を売却しても，キャピタルゲインには課税されないこととなるでしょう。

　いずれにしても，相続人の居住地国のルールに従うこととなります。また，日本と相続人が居住している国の間の租税条約も確認する必要があります。

2　譲渡所得を計算する際の取得費の計算ルール

　相続により取得した財産を譲渡した際の取得費，すなわち，譲渡対価から差し引くコストの計算ルールも国によって異なります。

　日本では，相続した財産の取得価額は被相続人の取得価額を引き継ぐ，というルールになっています。すなわち，Aさんから相続により財産を取得したBさんが，後にその財産を譲渡した場合には，Aさんにおいて当該財産を取得した時の時価を，Bさんにおける譲渡所得の計算において取得費（コスト）として差し引きます。Aさん死亡時（Bさん相続時）の当該財産の時価は，譲渡所得の計算においては考慮しない，ということになります。

　一方で，相続により取得した財産の取得価額は相続時の時価に変更される，というルールを設けている国もあります。一般的には，ステップアップ・ベイシスと呼ばれますが，Aさんから相続により財産を取得したBさんにおける当該財産の取得価額はAさん死亡時（Bさん相続時）の時価に修正されるため，Bさんが，その後にその財産を譲渡した場合には，譲渡所得の計算において，Aさん死亡時（Bさん相続時）の時価を取得費（コスト）として計算する方法です。亡くなったAさんが当初当該財産をいくらで取得したのかは，関

係ありません。このルールのもとでは，相続により取得した財産を，その後すぐに売却した場合には，通常はほとんどキャピタルゲイン（値上がり益）もロスも発生しない，ということが想定されます。

例えば，米国では取得費について後者のルールを設けているため，相続人が米国に居住している場合，日本に所在する財産を相続により取得して，その後譲渡した場合の米国における所得税申告に際しては，譲渡対価から，相続時の時価をもとに計算した取得費を差し引いて，譲渡所得を計算します。一方で，例えば，日本国内財産である不動産の場合には日本でも譲渡所得税の申告が必要ですが，その際の取得費は，（相続時の時価ではなく）被相続人における取得時の時価をもとに計算します。したがって，対象不動産が値上がりしている前提であれば，一般的には，日本の譲渡所得の方が米国での譲渡所得よりも大きく算出されることになります。

【相続により取得した財産を譲渡した場合の日米キャピタルゲインの計算ルールの違い】

計算例　被相続人における取得価額：4,000万円
　　　　相続発生時の時価：6,000万円
　　　　相続人による売却価額：8,000万円

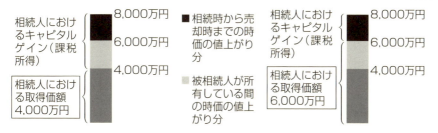

この例によりますと，日本のルールにおけるキャピタルゲインは4,000万円（8,000万円－4,000万円＝4,000万円）と算出されることに対して，米国のルールにおけるキャピタルゲインは2,000万円（8,000万円－6,000万円＝2,000万円）と算出されることになります。

なお，日本には相続により取得した財産を相続発生日から3年10ヶ月以内に譲渡した場合には，相続税の一部を譲渡所得計算の際の取得費に加算できる

という制度があります（詳細は日本のキャピタルゲイン税の箇所をご覧ください）。この制度の適用を受けることができる場合には，上記日本のルールにより算出されるキャピタルゲイン 4,000 万円から，さらに納税した相続税の一部を差し引くことが可能です。

3　日本でも居住地国でも所得税が課税された場合には，外国税額控除制度の適用を検討

　日本でも居住地国でも所得税が課税された場合には，二重課税を排除する方法として外国税額控除の制度があります。所得税の二重課税排除は，租税条約にもありますが，一般的には国内法において設けている国が多くありますので，租税条約を持ち出すまでもないかもしれません。

　相続により取得した日本に所在する不動産や株式の譲渡に対して，譲渡所得税が，日本及び相続人の居住地国の両方で課税された場合には，居住地国において外国税額控除の適用を検討することになります。外国税額控除をどちらの国で受けることができるのか，ですが，日本所在の財産の売却は，日本からみると国内源泉所得となり，日本では外国税額控除の適用を受けることができません。外国税額控除は，国外源泉所得に対する二重課税の排除であり，国内源泉所得に対しては適用することができないためです。したがって，居住地国からみた国外財産（日本所在財産なので）に対する二重課税の排除を，居住地国において検討することになります。

　ただし，そもそも，居住者に対しても国内源泉所得しか課税しない国においては，外国税額控除の適用の余地がない可能性もありますので，やはりその国のルールを確認しながら実務をすすめることになります。

海外に居住する相続人が，相続により取得した日本所在の財産を譲渡した際の，居住地国（海外）でのキャピタルゲイン課税について，各国の情報をまとめましたので，以下で紹介します。

【居住地国(海外)の

	不動産の譲渡
米国	・短期(保有期間1年以内) 　他の所得と合算されて累進税率で課税(10%～39.6%) ・長期(保有期間1年超) 　優遇税率で課税(0%,15%,20%)
英国	課税あり(送金基準を選択した場合は,一定の金額について課税なし) 税率　18%又は28%
中国	財産譲渡所得税:(収入額－取得価額－譲渡費用)×税率20% 営業税:(譲渡価格－購入原価)×税率5% ＊居住用の建物で5年以上保有の場合はいずれも免税
台湾	原則課税対象外 但し,日本(国外)源泉の所得が100万台湾ドルを超え,且つ全世界所得が670万台湾ドルを超える場合に,全世界所得(670万台湾ドル控除後)×20%の税率が,一般の方法で計算した所得税額より高いときには,当該差額分を追加納付する必要有り(代替ミニマムタックス)
香港	無
韓国	・分離課税 ・保有期間によって税率が異なる 　①1年未満:50% 　②1年以上2年未満:40% 　③2年以上:6%～38%
シンガポール	無
オーストラリア	勤労所得などと合算して累進税率にて課税　19%～45% ＊1985年9月20日前の取得資産については非課税規定適用の可能性がある
ニュージーランド	・キャピタルゲイン課税なし ・ただし,例えば以下のような一定の売却益はインカムゲインとして課税される 　①不動産の売却を事業として行っている場合 　②将来売却することを目的として不動産を購入した場合 ・他の所得と合算して課税,税率は10.5%～33%

(※)　2015年6月時点の情報による。

キャピタルゲイン課税】

株式の譲渡	外国税額控除制度の有無
・短期（保有期間1年以内） 　他の所得と合算されて累進税率で課税（10％〜39.6％） ・長期（保有期間1年超） 　優遇税率で課税（0％，15％，20％）	有
課税あり（送金基準を選択した場合は，一定の金額について課税なし） 税率　18％又は28％	有
20%	有 （ただし実務上適用はかなり困難と考えられる）
同左	有
無	―
・分離課税 ・上場株式の譲渡は非課税 ・株式の種類によって税率が異なる 　①中小企業：10% 　②大企業（大株主以外）：20% 　③大企業（大株主）：20% or 30%	有
無	―
同左	有
・キャピタルゲイン課税なし ・ただし，例えば以下のような一定の売却益はインカムゲインとして課税される 　①株式の売却を事業として行っている場合 　②将来売却することを目的として株式を購入した場合 ・他の所得と合算して課税，税率は10.5%〜33%	有

第2部

海外居住の日本人が**贈与**を受けた場合

I 日本での贈与手続き等の留意点

Question 01 日本での贈与手続き（不動産）

海外に住む子へ日本の不動産を贈与します。もらう人が日本国内に住んでいる場合と海外に住んでいる場合とで，贈与手続きに違いはありますか。また，何か気を付けるべき点はありますか。

Answer

① 日本の不動産を海外に住む人に贈与した場合，不動産登記の際に必要な書類が，国内の贈与の場合と異なる
② 住民票の代わりに，在留証明を取得する必要があり，場合によっては，印鑑証明書の代わりにサイン証明を取得する必要がある

　海外に住んでいる人に日本の不動産を贈与する場合の書類上の手続きは，基本的には，もらう人が日本国内に住んでいる場合と同様です。ただし，日本の不動産について，日本国の登記簿謄本に新しい所有者を登記する際，贈与を受けた人の住所が日本にないことから，登記簿謄本上の住所をどのように確認するかなどいくつか気を付ける点があります。

　一般に，不動産を贈与し，新所有者に所有権移転登記をする場合には，以下のような書類が必要となります。
　① 贈与契約書
　② 贈与者（あげる人）の印鑑証明書（登記申請時点で３ヶ月以内発行のもの）
　③ 受贈者（もらう人）の住民票

④　（登記を司法書士に委任する場合）贈与者，受贈者の本人確認ができる書類
　⑤　贈与する不動産の登記識別情報又は登記済権利証（不動産権利書）
　⑥　贈与対象不動産の，登記をする年度分の固定資産評価証明書
　⑦　登記委任状（登記を司法書士に委任する場合）

　このうち，①，③，④，⑦の書類が受贈者（もらう人）に関係していますので，海外に住む子へ贈与をする場合にはこれらの書類を海外で準備することになります。まず①の贈与契約書は，受贈者（もらう人）の意思を確認するのに大切な書類ですから，一時帰国の際に，本人と直接会って，契約を交わす，又はどうしても直接会うことが難しいようであれば，贈与契約書を本人に郵送又はメールで送って署名，サインをしてもらうなどの方法をとったほうがよいでしょう。次に，③の受贈者の住民票ですが，これは登記簿謄本に，不動産の新しい所有者の住所を記載するために必要です。ただし，受贈者（もらう人）が日本に住んでいない場合は，日本に住民票がありませんので，代わりに，その人の住んでいる国にある日本大使館，又は領事館で在留証明を取得する必要があります。在留証明を取るには，その国で住所を届け出ている必要があり，また１通当たりで手数料がかかります。在留証明の取り方について，詳しくは大使館のホームページ等を確認してください。

　④のうち贈与者（あげる人）の本人確認書類は，一般に，運転免許書等で用が足りますが，受贈者（もらう人）の本人確認書類については，受贈者（もらう人）が日本に住んでいない場合は，パスポート，現地の運転免許証，現地の公的機関が発行する証明書等で，氏名，住所，生年月日等が確認できるものが必要です。これらの書類が日本語で記載されていない場合は，登記手続きを委任されて行う司法書士が，内容を確認する必要があるため，訳文が必要になることもあります。また，登記を司法書士に依頼する場合は，司法書士が職責として，依頼者（贈与者，受贈者）の本人確認を行う必要があります。本人確認は原則として，直接面談をして行いますが，状況に応じて，書類の送付や電話などの方法でも，本人であることや意思の確認ができれば面談でなくてもよい場合があり得るようです。ただし，例外としての取扱いのようですので，司法

書士と直接会えない場合には，どのような方法によって本人確認するかは，登記を依頼する司法書士とよく相談しましょう。

　⑦の登記委任状には，贈与者（あげる人）が個人の実印，受贈者（もらう人）が認印を押しますが，受贈者が海外に住んでいる場合には，印鑑の代わりに受贈者はサインをします。登記の際，サイン証明は不要ですが，司法書士によってはサインの確認のため，サイン証明を求められる場合もあります。サイン証明は，在留証明と同様，現地の日本大使館，領事館で取得することができます。

PLUS α　サイン証明（署名証明）とはどのようなものなのか？

　サイン証明（署名証明）とは，日本に住民登録をしていない，海外在留の日本人に対し，印鑑証明書に代わるものとして日本での手続きのために発行される書類で，申請者の署名が確かに領事の面前でなされたことを証明するものです。

　サイン証明には2種類あり，このうち形式1は，在外公館が発行する証明書と，申請者が領事の面前で署名した私文書（例えば，登記委任状など）を綴り合せて割り印を行うもの，形式2は申請者の署名を単独で証明するもので，いわば日本の印鑑証明書のように，その1枚で，本人のサインであることを証明するものです。したがって形式1はまずサイン証明が必要な書類を海外に郵送して，それをもってサインをする本人が在外公館におもむき，領事の面前でサインをする必要があります。

　証明を求める相手先によって，どちらの証明が必要かは異なりますので，事前に確認しましょう。サインは，印鑑の印影と違って，本人のものかどうか照合しにくい点があることから，不動産の登記官の中には，不動産登記の際に形式1を求めることもあるようです。

II 日本の贈与税（計算方法・特例）

Question 01 日本の贈与税の計算（現金贈与）

海外に住む子へ現金を贈与した場合，日本の贈与税はかかりますか。送金する際には，海外にある子名義の口座に送金する予定です。

Answer

贈与者が日本居住者であれば，もらう人（受贈者）の居住地，国籍にかかわらず，日本の贈与税がかかる

　まず次ページの図を参照してください。

【納税義務者・課税対象となる財産の範囲】

贈与者 \ 受贈者	国内に居住	国外に居住 日本国籍あり 5年以内に国内に住所あり	国外に居住 日本国籍あり 左記以外	国外に居住 日本国籍なし
国内に居住	日本国内財産・国外財産 ともに課税	日本国内財産・国外財産 ともに課税	日本国内財産・国外財産 ともに課税	日本国内財産・国外財産 ともに課税 ←
国外に居住 5年以内に国内に住所あり	日本国内財産・国外財産 ともに課税	日本国内財産・国外財産 ともに課税	日本国内財産・国外財産 ともに課税	日本国内財産のみ課税
国外に居住 国外転出時課税制度による納税猶予期限の延長を受けている	①	②	②	③
国外に居住 上記以外				

平成25年度税制改正によって、非居住無制限納税義務者の範囲が拡大された

(出典：平成24年11月14日付財務省資料に加筆)

① ▨ 居住無制限納税義務者
② ■ 非居住無制限納税義務者
③ □ 制限納税義務者

　日本において贈与税の納税義務者、つまり贈与税を払う義務のある人は、贈与を受けた人（受贈者）となっています。図では、まず横の欄で、この受贈者が国内に居住している場合と国外に居住している場合、更に国外に居住しているときに、受贈者に日本国籍があるかないか、日本国籍がある場合は、日本に5年以内に国内に住所があるかどうかを分けています。一方縦の欄は、贈与する人（贈与者）が国内に居住している場合と、国外に居住している場合、更に国外に居住している場合は、5年以内に国内に住所があるかどうか、更に出国時課税制度による納税猶予を受けているかどうかを分けています。

　そして、色がついている部分が、日本国内財産、国外財産ともに日本の贈与税がかかることを示しており、白い部分が、日本国内財産の贈与のみ課税を受けることを示しています。

　日本に住んでいる人が国外に住んでいる人に贈与をする場合は、贈与者が国内に居住、受贈者が国外に居住という欄をみることになり、両者の交わる一番上の部分は、すべて色がついているので、受贈者の居住地にかかわらず、また

Ⅱ　日本の贈与税（計算方法・特例）　　85

国籍に関わらず，全世界財産について日本の贈与税がかかるという結論になります。

贈与者が日本に居住
↓
受贈者の所在場所にかかわらず，日本の贈与税の課税対象となる

では，日本の贈与税はどのように計算されるのでしょうか？

贈与税の計算については，大きく分けて2つの方法があり，ひとつは，暦年贈与課税制度による計算，もうひとつの方法は相続時精算課税制度による計算です。相続時精算課税制度については，この後のQ04で説明していますので，ここでは，暦年贈与課税制度を説明します。

暦年贈与課税というのは，その年の1月1日から12月31日（暦年）までの間に贈与を受けた財産の価額の合計額から，110万円の基礎控除額を引いて，これに贈与税の税率をかけて計算する方法です。平成27年1月1日以降の贈与については，受贈者が20歳以上で，贈与者が受贈者の直系尊属（父母，祖父母，曽祖父母など）である場合と，それ以外の場合では，異なった税率表となっていますので，注意してください。なお，財産をもらった人がお住まいの国でも贈与税に相当する税金が課せられた場合には，同じ贈与財産に二重に贈与税が課税されることになりますので，お住まいになっている国で外国税額控除を受けることができる可能性があります。

【暦年課税による贈与税の計算】
　課税価格－基礎控除額（110万円）＝贈与税の課税価格（千円未満切り捨て）
　課税価格×税率（贈与税の税率表より）－控除額＝贈与税額（百円未満切り捨て）

【贈与税の税率表(平成27年1月1日以降の暦年贈与税率)】
①20歳以上の者が直系尊属(父母,祖父母等)から贈与を受けた場合

贈与税の課税価格		税率	控除額
0千円	2,000千円以下	10%	0千円
2,000千円超	4,000千円以下	15%	100千円
4,000千円超	6,000千円以下	20%	300千円
6,000千円超	10,000千円以下	30%	900千円
10,000千円超	15,000千円以下	40%	1,900千円
15,000千円超	30,000千円以下	45%	2,650千円
30,000千円超	45,000千円以下	50%	4,150千円
45,000千円超		55%	6,400千円

②上記①以外の場合

贈与税の課税価格		税率	控除額
0千円	2,000千円以下	10%	0千円
2,000千円超	3,000千円以下	15%	100千円
3,000千円超	4,000千円以下	20%	250千円
4,000千円超	6,000千円以下	30%	650千円
6,000千円超	10,000千円以下	40%	1,250千円
10,000千円超	15,000千円以下	45%	1,750千円
15,000千円超	30,000千円以下	50%	2,500千円
30,000千円超		55%	4,000千円

　ところで,海外に住む子へ現金を贈与するという時に,海外にある子名義の預金口座に送金するなどして,きちんと贈与をした形跡を残しておくことがとても大切です。というのも,贈与が成立しているかどうかは,その贈与した金銭の管理,処分の権限が,贈与者から受贈者に完全に移転しているかどうかで判断されることがあるからです。仮に,海外にある,子名義の預金口座ではなく,子が日本にいる間に作ってそのまま日本に残されている子名義の預金に,贈与した金額を振り込み,さらにその日本の銀行の通帳,印鑑が留守宅である親の手元に残されているなどといった場合には,その口座にある金額は贈与を

された金額ではなく、いわゆる「名義預金」ではないか、と後々税務署から指摘される恐れがあります。

　また、贈与税の基礎控除額を超える金額を贈与して、非居住者である子が日本で贈与税の申告をし、納税をすることも、税務署に対して贈与がきちんと行われていることを証明するのに役立ちます。ただしその場合の税金は日本で支払うことになりますので、納税資金分の金額は日本に残しておく必要があります。

　送金先の、海外にある子名義の預金口座が、複数の名前の共同口座、いわゆるジョイントアカウントである場合には、誰に対する贈与なのか、後で証明するのが難しいことがあるかもしれません。このような場合も含めて贈与契約書も作成しておいた方がよいでしょう。

　なお、現金の贈与について、それが住宅資金であったり、教育資金、結婚、子育て資金等に該当する場合には、贈与税の計算上特例があります。詳しくは、この後のQ06、Q07を参照してください。

贈与税の課税範囲は拡大してきた

　平成12年度の税制改正前は，日本に住んでいる人から国外に住んでいる人に，国外財産を贈与した場合には，日本では贈与税がかかりませんでした。よってこの仕組みを利用して，海外に住む子に，多額の外国財産を贈与し，日本の贈与税，ひいては将来の相続税を免れるケースがみられました。特に有名なのは，武富士事件です。武富士の元会長夫妻が，平成11年に香港に住む子に，約1,600億円の価値がある武富士株式を有するオランダ法人の株式を贈与し，日本の贈与税を支払わなかったため，この子が本当に国外に住む非居住者かどうか，日本の贈与税が課せられるべきかどうかが争われました。結果，平成23年に最高裁で納税者側が勝訴し，課税処分は取り消されたのですが，平成12年度の税制改正では，国外に住んでいる非居住者に財産を贈与する場合，日本国籍があれば，国外財産についても日本の贈与税がかかるということになりました。

　その後，今度は海外で出産するなどして子に海外国籍を取得させ，日本国籍がない子に，国外財産を贈与し，同様に日本の贈与税を免れるケースが出てきたため，平成25年度の税制改正で，日本に住む人から，国外居住の日本国籍がない人に国外財産を贈与しても，日本で贈与税がかかることになりました。

　このように，日本の贈与税の課税財産の範囲が広がってきた背景には，国際的な贈与が増えてきている現実があります。

Question 02 日本の贈与税の計算（不動産・有価証券）

海外に住む子へ日本の不動産を贈与した場合，日本の贈与税はかかりますか。不動産ではなく，有価証券を贈与した場合はどうでしょうか。

Answer

① 海外に住む子へ日本の不動産，有価証券を贈与した場合には，いずれも日本の贈与税がかかる
② 有価証券を贈与した場合には，さらに，贈与者である親に対して，国外転出（贈与）時課税が適用され，所得税がかかることもある

　Q01で解説したとおり，平成25年度の改正で，日本に居住する人から海外に住む人へ贈与をする場合には，その財産が日本の財産であるか海外の財産であるかどうかにかかわらず，また，もらう人の国籍や居住地にかかわらず，日本の贈与税がかかります。贈与税の計算は，受贈者（もらう人）が日本に住んでいる場合と変わりません。不動産や有価証券を相続税評価額で評価をし，暦年課税方式を使う場合には，その年の1月1日から12月31日までに贈与を受けた金額の合計額から110万円を控除して，次ページの税率表にあてはめて贈与税を計算します。平成27年1月1日以降の贈与については，20歳以上の人が，直系尊属（父母，祖父母など）から受ける贈与（特例贈与）と，それ以外の場合の贈与と2種類の税率表があります。また，相続時精算課税制度の選択を受けている場合の計算の方法は，Q05を参照してください。

【贈与税の税率表（平成27年1月1日以降の暦年贈与税率）】

① 20歳以上の者が直系尊属（父母，祖父母等）から贈与を受けた場合

贈与税の課税価格		税率	控除額
0千円	2,000千円以下	10%	0千円
2,000千円超	4,000千円以下	15%	100千円
4,000千円超	6,000千円以下	20%	300千円
6,000千円超	10,000千円以下	30%	900千円
10,000千円超	15,000千円以下	40%	1,900千円
15,000千円超	30,000千円以下	45%	2,650千円
30,000千円超	45,000千円以下	50%	4,150千円
45,000千円超		55%	6,400千円

② 上記①以外の場合

贈与税の課税価格		税率	控除額
0千円	2,000千円以下	10%	0千円
2,000千円超	3,000千円以下	15%	100千円
3,000千円超	4,000千円以下	20%	250千円
4,000千円超	6,000千円以下	30%	650千円
6,000千円超	10,000千円以下	40%	1,250千円
10,000千円超	15,000千円以下	45%	1,750千円
15,000千円超	30,000千円以下	50%	2,500千円
30,000千円超		55%	4,000千円

　有価証券を贈与する場合も同様です。ただし，不動産と異なり，有価証券の贈与については国外転出（贈与）時課税の対象になることがあります。

　国外転出（贈与）時課税とは，有価証券等を1億円以上お持ちの人が，国外に住む人に有価証券を贈与した場合には，贈与者（あげる人）が当該有価証券を贈与日に譲渡したとみなして譲渡益課税が行われる制度です。受贈者（もらう人）に贈与税がかかると同時に，贈与者（あげる人）にも所得税がかかるということになります。ただし，受贈者がもらった有価証券を売却しないで5

年以内に日本に戻ってきたときや，国内に住む人に再度贈与した時には，贈与者が更正の請求をすることにより課税が取り消されます。また，実際に譲渡をしていないのに，課税が行われる制度ですので，納税猶予の制度も設けられています。

　国外転出（贈与）時課税について，詳しくは，第2部Ⅳ Q1～Q8以下をご参照ください。

PLUS α　海外居住の配偶者の贈与税の控除ができるか？

　海外から一足先に帰って，日本で自宅を買うとしましょう。後から帰ってくる妻に，自宅の持分を持たせたい場合，海外に住んでいる妻は贈与税の配偶者控除の適用を受けることができるでしょうか。

　贈与税の配偶者控除とは，夫婦間で，居住用不動産又は居住用不動産を取得するための金銭を贈与する場合，以下の要件を満たせば贈与税の計算において，基礎控除の110万円とは別に2,000万円の控除を受けることができる制度です。言い換えれば，他に贈与がなければ，2,110万円までは配偶者に居住用不動産の持分を持たせても，贈与税はかからないということになります。2,110万円の計算は，贈与税の課税価格，つまり土地であれば路線価，建物であれば，固定資産税評価額で計算します。土地だけ，建物だけの贈与でも，両方贈与してもかまいませんが，土地だけの贈与をする場合には，建物の所有者が配偶者又は同居親族であることが必要です。

　この贈与税の配偶者控除の特例は，配偶者が非居住者であっても適用を受けることができます。例えば，本問のように，夫が海外から先に帰って，日本で自宅を買う場合に，後から帰ってくる妻に自宅の持分を持たせたいという場合でも，妻が，贈与を受けた年の翌年3月15日までに帰国して，その自宅に住み，かつ，その後も引き続き住み続ける見込みであれば，2,110万円までの持分を無税で妻の持分とすることができます。

【贈与税の配偶者控除の要件】
① 贈与者との婚姻期間が20年以上であること
② 居住用不動産又は居住用不動産を取得するための金銭の贈与であること。ただし居住用不動産は，日本国内のものに限定
③ 贈与年の翌年3月15日までにその居住用不動産に住んでおり，かつその後も引き続き住み続ける予定であること
④ その配偶者からの贈与について，今までにこの特例の適用を受けたことがないこと（同一の配偶者からは一生に一度だけしかこの特例の適用はなし）
⑤ 贈与年の翌年2月1日から3月15日までに，この特定を受けることを記載した贈与税申告書を税務署に提出すること

Question 03 贈与税申告の際の注意点

海外に住む子が日本で贈与税を申告する必要がある場合について，贈与税の計算方法とその申告書の提出や納税の方法を教えてください。

Answer

① 海外に住む子が日本で贈与税を申告する場合には，納税管理人を定める必要がある
② 税金の納付も納税管理人が行うので，納税資金を日本で準備する必要がある

　日本国内に住所がない人が贈与税の申告をする必要がある時は，申告期限までに納税管理人及び納税地を定めて，申告と納税を行います。具体的には，次ページに記載する「納税管理人届出書」を納税地の所轄税務署長に提出し，その納税管理人が納税地に申告書を提出し，納税も行います。納税は，所定の納付書を使って金融機関で行う必要があり，海外から日本の税務署宛に直接振り込むことはできません。したがって，納税分の資金は日本で準備しておきましょう。納税地については，贈与者の住所を定めることが多いようですが，もし納税地を定めない時には，国税庁長官がその納税地を指定し，通知されます。なお，子が住む国でも，贈与税がかかることがありますので，現地国の法律を確認しておくことが必要です。

　納税管理人は，申告をする人の親族がなってもかまいませんし，例えば，贈与税の申告をお手伝いした税理士がなることもあります。

納税管理人届出書

税務署受付印

平成＿＿年＿＿月＿＿日提出

＿＿＿＿税務署長

	（フリガナ）	
納税地		（〒　－　） （電話　－　－　）
氏名又は名称	（フリガナ）	㊞
（法人等の場合） 代表者等氏名	（フリガナ）	㊞
個人番号又は法人番号	↓個人番号の記載に当たっては、左端を空欄とし、ここから記載してください。	
生年月日	大正　昭和　平成　＿＿年＿＿月＿＿日生	

相続税／贈与税 の納税管理人として次の者を定めたので届出します。

納税管理人	住所又は居所	（フリガナ） （〒　－　） （電話　－　－　）
	氏名又は名称	（フリガナ）　㊞
	届出者との続柄（関係）	
	職業又は事業内容	

法の施行地外における住所又は居所となる場所	
納税管理人を定めた理由	
その他参考事項	(1) 出国（予定）年月日　平成＿＿年＿＿月＿＿日 　　帰国（予定）年月日　平成＿＿年＿＿月＿＿日 (2) その他

関与税理士	（電話　－　－　）

税務署整理欄	整理番号		名簿番号	

税務署整理欄	番号確認	身元確認 □済 □未済	確認書類 個人番号カード ／ 通知カード・運転免許証 その他（　　　）

（資3-21-A4統一）

(裏)
記 載 要 領 等

1 この届出書は、相続税又は贈与税の納税者が納税管理人を選任した場合に提出するものです。

2 この届出書は、納税者の納税地の所轄税務署長に提出してください。

3 届け出る税目に応じて、本文中の「 相続税 / 贈与税 の納税管理人として…………」の「相続税」又は「贈与税」の不要の文言を抹消してください。

4 「法の施行地外における住所又は居所となるべき場所」欄には、国内の住所及び居所を有しないこととなる場合に、国外における住所又は居所を書いてください。

5 留意事項
 (1) 届け出る税目が【相続税】の場合には、「納税地」は被相続人の住所地となりますので、被相続人の住所地を「納税地」欄に書いてください。また「その他の参考事項」欄の「(2)その他」に被相続人の氏名及び相続開始日を書いてください。

 (2) 納税者の区分により次の欄の記載が異なります。
  イ 納税者が個人の場合には、「氏名又は名称」欄には氏名を、「個人番号又は法人番号」欄には個人番号を記載してください。
    なお、「代表者等氏名」欄に記載は必要ありません。
  ロ 納税者が法人等の場合には、「氏名又は名称」欄に法人等名を、「代表者等氏名」欄に法人の代表者等の氏名を、「個人番号又は法人番号」欄には法人番号を記載してください。
    なお、「生年月日」欄に記載は必要ありません。

 (3) 納税管理人が法人の場合は、「納税管理人」の「住所又は居所」欄には、本店又は主たる事務所の所在地を記載し、「納税管理人」の「氏名又は名称」欄には、法人名及び代表者等氏名を記載してください。

Question 04 非居住者と相続時精算課税制度

海外に住む子へ現金を贈与したいのですが，日本の相続時精算課税制度を使うことは可能でしょうか。

Answer

海外に住む子に現金を贈与した場合でも，相続時精算課税制度の適用を受けることができる

相続時精算課税制度は，贈与の年1月1日現在において60歳以上の父母・祖父母から，贈与の年1月1日現在において20歳以上である子・孫に贈与をした場合に，暦年課税制度(注)に代えて選択できる贈与税の計算方式です。

(注) 贈与財産額から110万円の基礎控除を差し引いた残りに10%～55%の累進税率を乗じて贈与税を計算する課税方式

この相続時精算課税制度には，贈与者・受贈者の住所等や財産の所在地についての条件はありません。したがって，海外に住む子に現金を贈与した場合でも，適用を受けることができます。

なお，贈与者・受贈者の年齢は贈与時ではなく，贈与の年の1月1日において判断しますので注意してください。

この制度を使うと，この制度を選択した贈与者と受贈者の間での贈与については，累計で2,500万円までは贈与税がかかりません。また，2,500万円を超えた部分についての税率は一律20%になります。したがって，多額の財産を贈与する場合には，暦年課税制度よりも贈与税負担が少なくてすみます。

ただし，いくつか注意点があります。

1 贈与者に相続が発生した場合には相続財産に加算する必要がある

暦年課税制度による贈与の場合，亡くなった人が生前に贈与した財産は，相続開始前3年以内の贈与を除き，相続財産には含まれません。しかし，相続時精算課税制度を選択した場合，贈与者に相続が発生した際には，この制度を

利用して贈与を受けた財産を，贈与時の価額で相続財産に加算して相続税を計算する必要があります。なお，贈与時にかかった贈与税がある場合は，相続税から控除することができ，支払った贈与税の方が相続税より多い場合には，還付を受けることができます。つまり，相続時精算課税制度とは，贈与と相続を一体で考え，相続の際に過去の贈与も含めてまとめて精算する仕組みです。

相続時精算課税制度による贈与を受けた子・孫は，贈与者である父母・祖父母が亡くなった際に何も財産を相続しない場合であっても，本制度による贈与の精算をする必要があるため，相続税の納税義務者となります。

2　相続税精算課税制度の届出と申告が必要

相続時精算課税制度を選択した場合，贈与金額が累計で 2,500 万円に達していないために贈与税がゼロとなるときでも，贈与税申告が必要です。また，この制度の適用を受ける最初の贈与税の申告の際に，「相続時精算課税選択届出書」を，贈与税の申告書とともに税務署に提出する必要があります。受贈者である子が非居住者である場合には，納税代理人を選任し，子の代わりに贈与税の申告や納付，「相続時精算課税選択届出書」の提出を行います。

納税管理人とは，非居住者に代わって，申告書や届出書の提出，税金の納付などをする人のことで，個人でも法人でも納税管理人になることができます。通常は，日本にいる家族や税理士が納税管理人になることが多いようです。

3　暦年課税制度への変更ができない

一旦，相続時精算課税制度を選択すると，その選択に係る贈与者からの贈与については，すべて相続時精算課税制度が適用され，以後，暦年課税制度に変更することはできません。つまり，2,500 万円の非課税枠を使い終わったからといって，毎年 110 万円の基礎控除を使える暦年課税制度に戻ることはできません。長い目で見た場合，毎年 110 万円の基礎控除を使いながらコツコツ贈与した方が，相続税の節税になる場合もあります。したがって，相続時精算課税制度を選択するか否かは，贈与したい財産や目的などをよく考えて慎重に検討する必要があります。

Question 05　非居住者と住宅取得資金贈与の特例

海外に住む子（日本国籍あり）が現地で住宅を購入するので，その資金を贈与する予定です。贈与税の特例について教えてください。なお，私（父）は日本に住んでいます。

Answer

① 子や孫などが父母又は祖父母などから，住宅を購入するための資金の贈与を受けた場合，適用を受けられる可能性のある制度として，「住宅取得資金の贈与の特例」及び「相続税精算課税制度」の2つがある
② このうち，住宅取得資金の贈与の特例は，対象となる住宅用家屋が日本国内にあるものに限られるため，海外に住む子が現地で住宅を購入するための資金の贈与を受けた場合には適用できない
③ 相続税精算課税制度は，海外に住む子が現地で住宅を取得するための資金の贈与を受けた場合でも適用を受けることができる

1　住宅取得資金の贈与の特例

　住宅取得資金の贈与の特例とは，平成27年1月1日から平成31年6月30日までの間に，贈与を受けた年の1月1日において20歳以上である子や孫などが，直系尊属（父母，祖父母等）から，自宅を取得・新築・増改築等（以下「取得等」といいます）するための資金の贈与を受けた場合に，一定額までは贈与税が非課税になる制度です。非課税の金額は，売買や建築請負等の契約を締結した年度ごとに決められており，例えば契約が平成27年中であれば1,000万円（良質な住宅用家屋を取得する場合には1,500万円）まで非課税になります。

　贈与の時点で日本に住んでいない子が，この住宅取得資金の贈与の特例の適用を受けるためには，次のいずれかの要件を満たす必要があります。

　① 子が日本国籍である場合は，受贈者（子）又は贈与者（父又は母）のいずれかが，贈与の前5年以内に日本に住所を有していたこと

②　子が日本国籍でない場合は，贈与者（父又は母）が，贈与の時点で日本に住所を有していたこと

　本事例の場合，海外に住む子は日本国籍があり，かつ，子は日本に住んでいませんが贈与者（父）は日本に住んでいますので，①の要件を満たしています。

　ただし，住宅取得資金の贈与の特例の対象となる住宅用家屋は日本国内にあるものに限られるため，本事例のケースのように，海外で自宅を購入するための資金の贈与については，残念ながらこの特例は適用できません。

2　相続時精算課税制度

　次に考えられる贈与の特例は，相続時精算課税制度です。Q04で説明したとおり，この制度には贈与者・受贈者の住所等や財産の所在地についての条件はありません。したがって，贈与者である父が贈与の年1月1日現在において60歳以上であり，かつ受贈者である子が贈与の年1月1日現在において20歳以上であれば，海外に住む子に現金を贈与した場合であっても，相続時精算課税制度を選択することができます。

　なお，贈与財産が住宅を取得するための資金である場合に限り，贈与者の年齢が60歳未満であっても相続時精算課税制度の適用を受けられることとされていますが，その資金を使って取得する住宅は日本国内にあるものに限られています。したがって，今回のように，子が海外で住宅を取得される場合には，この年齢に関する特例の適用はありませんので，贈与者の年齢は60歳以上である必要があります。

　相続時精算課税制度を使うと，2,500万円までの贈与であれば贈与税はかからず，2,500万円を超えた部分については一律20％の税率で贈与税を計算します。住宅取得資金のように一度に多額の現金を贈与する場合には，暦年課税制度[注]と比べ，贈与時の税負担が軽くてすみます。ただし，相続時精算課税制度には，いくつか留意点がありますので，詳細はQ04をご参照ください。

　（注）　基礎控除の110万円を差し引いた残額に10％～55％の累進税率を乗じて贈与税を計算する方式

3 住宅取得資金の贈与の特例の概要

① 贈与の年の1月1日において20歳以上の子や孫など（贈与を受けた年の年分の合計所得金額が2,000万円以下である人に限ります）が，
② 直系尊属（父母，祖父母など）から住宅取得資金の贈与を受け，
③ 贈与の翌年3月15日までにその資金の全額を対価に充てて住宅用家屋の取得等をし，
④ かつ同日までに取得等をしたこれらの住宅用家屋をその贈与を受けた子や孫の居住の用に供したとき，又は同日後遅滞なく居住の用に供することが確実であると見込まれるとき

は，以下の非課税限度額まで贈与税がかかりません。

（注）　上記以外にも，いくつか要件があります。適用を検討される場合は，事前にご確認ください。

この特例による非課税の金額は，売買や請負等の契約をした年及び対価に含まれる消費税の税率が10％かそれ以外かによって異なります。また，この特例は，暦年課税制度，相続時精算課税制度のいずれの場合でも適用することができます。

【非課税限度額】

契約年	消費税等が10％の適用を受けた人		左記以外の人（注）	
	良質な住宅用家屋	左記以外の住宅	良質な住宅用家屋	左記以外の住宅
平成27年	─	─	1,500万円	1,000万円
平成28年1月～28年9月	─	─	1,200万円	700万円
平成28年10月～29年9月	3,000万円	2,500万円	1,200万円	700万円
平成29年10月～30年9月	1,500万円	1,000万円	1,000万円	500万円
平成30年10月～31年6月	1,200万円	700万円	800万円	300万円

（注）　消費税率8％の適用を受けて住宅を取得した人，個人間売買により中古住宅を取得した人

Question 06 非居住者と教育資金の一括贈与の特例

海外に住む孫へ，教育資金を贈与しようと思っています。この贈与について，日本のいわゆる教育資金の一括贈与の特例は使えますか。

Answer

① 教育資金の一括贈与の特例は，父母や祖父母などから，30歳未満の子や孫などへ教育資金を一括で贈与した場合，1,500万円までの贈与について贈与税を非課税とする制度である
② 海外に住む孫が教育資金の贈与を受けた場合でも，教育資金の一括贈与の特例の適用を受けることができる
③ ただし，日本国内の金融機関に孫名義の教育資金口座を開設する必要がある

1 非居住者への教育資金一括贈与の特例の適用

　父母や祖父母などから，30歳未満の子や孫などへ教育資金を一括で贈与した場合，1,500万円まで贈与税を非課税とする特例が平成25年の4月以降よりスタートしました。可愛いお孫さんへ教育資金を援助したいとのニーズは高く，また相続税対策にもなるということで，特例利用件数も金融機関の預り贈与財産額も，年々増加しています。

　この教育資金の一括贈与の特例の適用にあたっては，受贈者の住所地や国籍について制限はありません。したがって，平成31年3月31日までの贈与であり，孫が30歳未満であれば，外国籍であったり，非居住者であっても適用を受けることができます。また，支払先が海外の教育機関であっても，その国の学校教育制度に位置付けられている学校や日本人学校，私立在外教育施設に対し支払われる入学金や授業料などであれば，教育資金としてこの特例の対象になります。

　一方，この特例の適用を受けるには，利用する金融機関によって以下の方法で贈与を行う必要があります。

①信託会社	贈与者である直系尊属（父母又は祖父母等。以下同じ）と信託会社が「教育資金管理契約」を締結し、信託受益権を子や孫等に贈与する
②銀行等	贈与者である直系尊属から子や孫等に対し、書面により金銭贈与を行い、その金銭を「教育資金管理契約」に基づき銀行等に預金する
③証券会社	贈与者である直系尊属から子や孫等に対し、書面により金銭贈与を行い、その金銭で「教育資金管理契約」に基づき証券会社で有価証券を購入する

　つまり、教育資金管理契約に基づき金融機関へ金銭等を預け入れる等の行為が必要であり、単に海外の金融機関に送金する形で現金を贈与しても、この特例の適用を受けることはできません。適用を受けるには、日本国内の金融機関に孫名義の教育資金口座を開設する必要があるのですが、非居住者の教育資金口座開設に対応していない金融機関もあるようです。非居住者である孫の教育資金口座を国内の金融機関に開設できた場合には、その口座に入金した教育資金を、必要に応じて引き出した上で、海外の金融機関に送金するという流れになると思います。

　なお、教育資金の一括贈与の特例の適用を受けるためには、資金の預入等の日までに金融機関の営業所等を経由して「教育資金非課税申告書」を税務署へ提出する必要があります。孫は非居住者ですので、納税代理人を選任し、その納税代理人が孫に代わって「教育資金非課税申告書」を提出します。

　納税管理人とは、非居住者に代わって、申告書や届出書の提出、税金の納付などをする人のことで、個人でも法人でも納税管理人になることができます。通常は、日本にいる家族や税理士が納税管理人になることが多いようです。

2　教育資金の一括贈与の特例の概要

　直系尊属から、30歳未満(注)の子や孫などへ教育資金を一括で贈与した場合、1,500万円（うち学校等以外に支払う金銭については500万円が上限）まで贈与税がかかりません。

　(注)　30歳未満か否かの判断は、「教育資金管理契約」締結日の年齢により行います。

　教育資金とは、次のようなものをいいます。

　・学校等に対して直接支払われる入学金、授業料等、学用品の購入費や修学

旅行費，学校給食費など
・学校等以外に対して直接支払われる金銭で社会通念上相当と認められるもの（学習塾やそろばん塾，水泳や野球教室，ピアノや絵画の教室など）
・通勤定期代，留学渡航費など

　なお，受贈者である子や孫などが30歳になった時点で贈与を受けた教育資金に残額（「贈与した教育資金の金額」－「教育資金として支出した金額」）がある場合は，その時点で，その残額に対し贈与税がかかります。

　また，特例の適用を受けるためには，教育資金の預入等の日までに金融機関の営業所等を経由して「教育資金非課税申告書」を税務署へ提出する必要があり，教育資金を支払った場合は，領収書等を教育資金口座を開設した金融機関に提出する必要があります。

Question 07 非居住者と結婚・子育て資金の一括贈与の特例

海外に住む孫が結婚する予定なので，まとまった金額の現金を贈与しようと思っています。この贈与について，日本のいわゆる結婚・子育て資金の一括贈与の特例は使えますか。

Answer

① 結婚・子育て資金の一括贈与の特例は，父母や祖父母などから，20歳以上50歳未満の子や孫などへ，結婚・子育て資金を一括で贈与した場合に，1,000万円までの贈与について贈与税を非課税とする制度である
② 海外に住む孫が贈与を受けた場合でも，結婚・子育て資金の一括贈与の特例の適用を受けることができる
③ ただし，日本国内の金融機関に孫名義の結婚・子育て資金口座を開設する必要がある

1 非居住者への結婚・子育て資金の一括贈与の特例の適用

　将来の経済的不安が，若い人たちが結婚・出産を躊躇する大きな要因のひとつとなっていることを踏まえ，結婚・出産・子育てを後押しするために，これらに要する費用の一括贈与に対する非課税措置が，平成27年4月からスタートしました。

　平成27年の4月1日から平成31年3月31日までに，父母・祖父母などから20歳以上50歳未満の子や孫などへ結婚・子育て資金を一括で贈与した場合，1,000万円まで贈与税が非課税となります。

　この結婚・子育て資金の一括贈与の特例の適用にあたっては，受贈者の住所地や国籍について制限はありませんので，孫が20歳以上50歳未満であれば，外国籍であったり，非居住者であっても適用を受けることができます。

　一方で，この特例の適用を受けるには，利用する金融機関によって以下の方法で贈与を行う必要があります。

①信託会社	贈与者である直系尊属（父母又は祖父母等。以下同じ）と信託会社が「結婚・子育て資金管理契約」を締結し，信託受益権を子や孫等に贈与する
②銀行等	贈与者である直系尊属から子や孫等に書面により金銭贈与を行い，その金銭を「結婚・子育て資金管理契約」に基づき銀行等に預金する
③証券会社	贈与者である直系尊属から子や孫等に書面により金銭贈与を行い，その金銭で「結婚・子育て資金管理契約」に基づき証券会社で有価証券を購入する

　つまり，結婚・子育て資金管理契約に基づき金融機関へ金銭等を預け入れる等の行為が必要であり，単に海外の金融機関に送金する形で現金を贈与しても，この特例の適用を受けることはできません。適用を受けるには，日本国内の金融機関と結婚・子育て資金管理契約を締結し，孫名義の結婚・子育て資金口座を開設する必要があるのですが，非居住者の結婚・子育て資金口座開設に対応していない金融機関もあるようです。非居住者であるお孫さんの結婚・子育て資金口座を国内の金融機関に開設できた場合には，その口座に入金した結婚・子育て資金を，必要に応じて引き出した上で，海外に送金するという流れになると思います。

　なお，結婚・子育て資金の一括贈与の特例の適用を受けるためには，預入等の日までに金融機関の営業所等を経由して「結婚・子育て資金非課税申告書」を税務署へ提出する必要があります。孫は非居住者ですので，納税代理人を選任し，その納税代理人が孫に代わって「結婚・子育て資金非課税申告書」を提出します。

　納税管理人とは，非居住者に代わって，申告書や届出書の提出，税金の納付などをする人のことで，個人でも法人でも納税管理人になることができます。通常は，日本にいる家族や税理士が納税管理人になることが多いようです。

2　結婚・子育て資金の一括贈与の特例の概要

　直系尊属から，20歳以上50歳未満(注)の子や孫などへ，結婚・子育て資金を一括で贈与した場合，1,000万円（うち結婚に際して支払う金銭については，300万円が上限）まで贈与税がかかりません。

　結婚・子育て資金とは次のようなものをいいます。

（注）　20歳以上50歳未満か否かの判断は，「結婚・子育て資金管理契約」締結日の年齢により行います。

【結婚に際して支払う次のような金銭（300万円限度）】
・挙式費用，衣装代等の婚礼（結婚披露）費用（婚姻の日の1年前の日以後に支払われるもの）
・家賃，敷金等の新居費用，転居費用（一定の期間内に支払われるもの）

【妊娠，出産及び育児に要する次のような金銭】
・不妊治療・妊婦健診に要する費用
・分べん費等・産後ケアに要する費用
・子の医療費，幼稚園・保育所等の保育料（ベビーシッター代を含む）など

　なお，受贈者である子や孫などが50歳になった時点で贈与を受けた結婚・子育て資金（「贈与した結婚・子育て資金の金額」－「結婚・子育て資金として支出した金額」）に残額がある場合は，その時点で，その残額に対し贈与税がかかります。

　また，受贈者である子や孫などが50歳になる前に贈与者が亡くなった場合において，贈与を受けた結婚・子育て資金に残額がある場合は，その残額を贈与者の相続財産に加算する必要があります。

　特例の適用を受けるためには，結婚・子育て資金の預入等の日までに金融機関の営業所等を経由して「結婚・子育て資金非課税申告書」を税務署へ提出する必要があり，結婚・子育て資金を支払った場合は，領収書等を結婚・子育て資金口座を開設した金融機関に提出する必要があります。

PLUSα 教育資金の一括贈与と結婚・子育て資金の一括贈与，どっちがお得か？

　教育資金の一括贈与の非課税と結婚・子育て資金の一括贈与の非課税，この2つの特例は，贈与を受ける子や孫の年齢や資金使途が異なるだけで，仕組み自体は大変よく似ています。ただ，子や孫が各々定められた年齢（教育資金の一括贈与は30歳，結婚・子育て資金の一括贈与は50歳）になる前に，贈与者である父母，祖父母が亡くなった場合の取扱いは，大きく異なります。

【教育資金の一括贈与】
　受贈者が30歳になる前に贈与者が亡くなった場合，亡くなった時点で贈与された教育資金について残額があったとしても，その残額は贈与者の相続税の計算には影響しません。1,500万円の贈与を受け，300万円使ったところで贈与者が亡くなったとしても，残っている1,200万円は贈与者の相続税の計算には関係しません。

【結婚・子育て資金の一括贈与】
　受贈者が50歳になる前に贈与者が亡くなった場合，亡くなった時点で贈与された結婚・子育て資金について残額があった場合には，その残額を贈与者の相続財産に加算する必要があります。1,000万円の贈与を受け，その翌年に贈与者が亡くなってしまい1,000万円がそのまま残っていた場合には，その1,000万円を贈与者の相続財産に加算することになります。

　つまり，教育資金の一括贈与は，一旦贈与してしまえば，その金額は贈与者の財産から完全に切り離されますので，贈与者の相続税を減らす効果があります。一方，結婚・子育て資金の一括贈与は，贈与した時点では，一旦贈与者の相続財産は減りますが，子や孫が50歳になる前に，贈与者である父母・祖父母が亡くなった場合には，その時点で残っていた結婚・子育て資金は贈与者の相続財産に加算されます。結果として，贈与者が亡くなるまでに使った金額のみが贈与者の相続財産から減ることになります。したがって，相続税対策の観点からは，教育資金の一括贈与の方が，結婚・子育て資金の一括贈与よりも得であるといえるでしょう。

　とはいえ，当然ながら，相続税対策の観点からのみこれらの特例の適用を考えるべきではありません。教育，結婚・子育てというそれぞれの特例の目的に合わせ，必要額を想定して活用すべきでしょう。

III 居住地国（海外）の贈与税

Question 01 非居住者の居住地国（海外）での贈与税

海外に住んでいる子へ日本の財産を贈与した場合，居住地国の贈与税はかかりますか。

また，海外に住んでいる子へ日本の財産を贈与して，日本でも居住地国でも贈与税がかかった場合，外国税額控除制度の適用はありますか。それはどちらの国で受けるのでしょうか。

Answer

① 海外に住んでいる子へ日本の財産を贈与した場合に，子が居住している国でも贈与税がかかることがある
② 日本でも居住地国でも両方で相続税がかかった場合には，居住地国で外国税額控除の適用を受けられる可能性がある

1 各国の贈与税の概要

相続税と同じく，贈与税もあげた人（贈与者）を基準として贈与税を課税する国（米国など）と，もらった人（受贈者）を中心として贈与税を課税する国（日本やフランスなど）があります。また，相続税は被相続人を基準として被相続人に課税し，贈与税についてはもらった人を基準にもらった人に対して課税をする，という制度を設けている国（韓国など）もあります。もちろん，相続税も贈与税もない国もあります（シンガポールや香港など）。また，相続税はあるが贈与税はない国もあります（例：英国。ただし，死亡日前7年以内の贈与は相続財産に含めて相続税を課税します）。

贈与税はもともと相続税を補完する税である，と位置付けている国が多いた

め，贈与財産については贈与税がかかるのですが，一定の贈与財産については相続時に持ち戻して相続財産に含めて相続税を計算し，そこから過去の贈与税を差し引くような仕組みを設けている国もあります。ちなみに，日本では，相続発生日前3年以内贈与を相続時に持ち戻す仕組みですが，米国は，一生涯の贈与を相続時に持ち戻す仕組みとなっています。また，英国では，贈与税はありませんが，死亡日前7年以内に贈与した財産についてのみ，相続時に持ち戻して相続税を課税することとしています。

2　子の居住地国における贈与税課税と外国税額控除

このように，贈与税の制度も国によって様々ですので，やはり，贈与についても子の居住地国の制度を確認する必要があります。そして，もらった人を中心に贈与税を課税する国であれば，たとえ，子がもらった財産が日本国内に所在する場合であっても，子が居住している国で贈与税が課税される可能性があります。

子の居住地国でも日本でも贈与税が課税された場合には，二重課税を排除すべく，外国税額控除を受けることを検討します。この場合の外国税額控除は，日本ではなく，居住地国で適用可否を検討することになります。日本国内に所在する財産ですので，日本の贈与税の制度では，国内財産についての二重課税を排除することはできません。居住地国において，日本という自国以外の国にある財産に対する二重課税の排除制度があるか否かを検討することになります（詳細は第1部の外国税額控除制度（Ⅲ Q02）をご参照ください）。

なお，子の居住地国で，贈与税はなくても，贈与を受けたことを国税当局に報告する義務を課している国があります。例えば，米国では非居住者等から財産の贈与を受けたことをForm3520という書式で米国内国歳入庁（IRS）に報告する義務を課しています。

日本国内では自動的情報交換制度等の整備が整いつつあり，海外においても，税金は課さずとも国内外の財産の報告義務を強化している傾向にあります。贈与する際には，事前にもらう人の居住地国のルールも充分確認しておくことをお勧めします。

各国の贈与税制度の概要，及び，日本の財産を贈与により取得した子が，当該国に居住している場合の贈与税の有無等をまとめましたので，以下で紹介します。

【居住地国（海外）

	贈与税の有無	納税義務者	税率	基礎控除
米国	有	贈与者	18％～40％	・年間基礎控除 受贈者1名当たり1万4千USドル ・贈与者が米国市民・居住者である場合には，統一移転税額控除により，課税遺産ベースで543万USドル （日米租税条約あり）
英国	無（※1） （但し，相続発生前7年以内贈与は相続財産に持ち戻し（※2））	—	—	—
中国	無	—	—	—
台湾	有	贈与者 ただし，以下のいずれかの場合，受贈者が納税義務者 1）贈与者が行方不明者 2）贈与者が期限内に未納，かつ中華民国国内に執行できる財産を所有していない 3）贈与者が死亡時，贈与税を確定申告していない	10％	220万元
香港	無	—	—	—
韓国	有	受贈者	10％～50％	無
シンガポール	無	—	—	—
オーストラリア	無（※1）	—	—	—
ニュージーランド	無（※3）	—	—	—

（※1） 贈与は譲渡とみなされ，贈与者にキャピタルゲイン税が課税されるが，日本の居
（※2） 相続財産に持ち戻しされる贈与について，1年あたり3,000ポンドの基礎控除（使される相続税率が異なる。
（※3） 事業用資産や譲渡益がインカムゲイン課税される資産を贈与した場合は，贈与時の
（※4） 2015年6月時点の情報による。

【の贈与税】

日本財産の贈与に対する課税の有無	外国税額控除制度の有無
贈与者が日本人かつ日本居住者(米国市民権や永住権無)の場合は,課税なし	制度はあるが,贈与者が日本人かつ日本居住者(米国市民権や永住権なし)の場合に,日本財産の贈与には課税はないので,適用なし
―	―
―	―
贈与者が恒常的に台湾国外に居住する台湾国民及び外国人である場合には,課税なし	制度はあるが,贈与者が日本居住者の場合に,日本財産の贈与には課税はないので,適用なし
―	―
・韓国居住者は,課税あり ※韓国居住者とは,以下のいずれかをいう ①韓国国内に住所を有する者 ②韓国国内に1年以上居所を有する者	有
―	―
―	―
―	―

住者による日本財産の贈与は課税範囲外のため,課税は生じない。
わなかった基礎控除は1年繰越可能)あり。また贈与から相続発生までの期間によって適用

時価でこれらの資産を譲渡したものとして,インカムゲイン課税。

Ⅳ 非居住者に有価証券を贈与したときの日本の国外転出時課税

Question 01 非居住者への贈与と国外転出時課税

海外に住んでいる子へ有価証券を贈与する予定です。平成27年7月1日から日本において所得税が課されるようになったと聞きました。どのような制度ですか。

Answer

① 平成27年7月1日から国外転出時課税制度が始まった
② この制度は，含み益を有する有価証券等を保有したまま国外転出し（非居住者に贈与した場合を含む），キャピタルゲイン非課税国で譲渡することにより課税逃れを行うことを防止する措置

1 国外転出（贈与）時課税制度について

(1) 概要

日本居住者で，時価1億円以上の有価証券等を保有しており，かつ，贈与日前10年以内に5年超日本に居住している者が，平成27年7月1日以後に有価証券等を非居住者に贈与した場合には，その有価証券等を贈与時に時価で譲渡したものとみなして，含み益に対して所得税が課されます。

有価証券等とは，所得税法に規定する有価証券（上場株式・非上場株式，公社債，投資信託など），匿名組合契約の出資持分，未決済の信用取引又は発行日取引，及び未決済のデリバティブ取引をいいます。ただし，ストックオプションで国内源泉所得を生ずべきものは除かれます。

(2) 1億円以上となるかどうかの判定時期及び国外財産を含むか否か

　有価証券等の価額の合計額が1億円以上となるかどうかについては，贈与時に贈与者が保有していたすべての有価証券等の価額の合計額で判定します。

　また，判定の対象となる資産には，贈与者が国内に保有していた有価証券等だけでなく，国外で保有していた有価証券等も含まれます。

(3) 海外に住んでいる受贈者が贈与により取得した有価証券が1億円未満の場合

　上記 **(2)** の金額基準の判定は，海外に住んでいる子（受贈者）が贈与により取得した有価証券等の金額により判定するわけではありませんので，注意が必要です。

　例えば，贈与者（日本居住者で，贈与日前10年以内に5年超日本に居住している）が時価1億円の有価証券等を保有しており，そのうち5,000万円を海外に住んでいる子（受贈者）が贈与により取得した場合は，贈与時に贈与者が保有していた有価証券等の価額の合計額が1億円以上となるため本制度の適用対象となり，そのうち海外に住んでいる子が取得した5,000万円相当の有価証券等に係る含み益に対して所得税が課されることとなります。

(4) 所得税の申告・納税

　国外転出（贈与）時課税制度により課される所得税について，所得税の申告は，贈与した年の翌年3月15日までに贈与者が行わなければなりません。

2　贈与税における取り扱い

　贈与により有価証券を取得した海外に住んでいる子（受贈者）は，贈与日の翌年3月15日までに贈与税の申告を行い，贈与税を納付しなければなりません。

Question 02 国外転出時課税適用後の帰国（有価証券保有継続のケース）

国外転出（贈与）時課税制度の適用を受け，所得税を納付しました。その後，有価証券の贈与を受けた海外に住んでいる子がその有価証券を売却せずに日本へ帰国した場合は，どのようになりますか。

Answer

贈与者は，子（受贈者）の帰国から4ヶ月以内に更正の請求の手続きを行うことにより，既に納付した税額の還付を受けることができる

1 課税の取消し

　国外転出（贈与）時課税制度に係る税額を納付した後，その適用対象である有価証券等を贈与により取得した非居住者である子（受贈者）が贈与の日から5年以内に，次の①～③のいずれかの場合に該当するときは，贈与者は，子が贈与の日から帰国時まで引き続き所有していた有価証券等については，国外転出（贈与）時課税制度による課税がなかったものとして，課税の取消しを受けることができます。

　ただし，適用対象である有価証券等に係る所得の計算につき，その計算の基礎となるべき事実について隠蔽又は仮装があった場合には，その隠蔽又は仮装があった事実に基づき計算される所得については，課税の取消しを受けることはできません。

	課税の取消しを受けられる場合	課税の取消しを受ける範囲
①	有価証券等の贈与を受けた非居住者である受贈者が帰国（※）した場合	帰国の時まで所有している有価証券等
②	非居住者である受贈者が有価証券等を居住者に贈与した場合	居住者に贈与した有価証券等
③	非居住者である受贈者が死亡し，死亡した者から有価証券等を相続した相続人のすべてが居住者となった場合	死亡した者から相続した有価証券等

※ 帰国とは，日本国内に住所を有し，又は現在まで引き続いて1年以上居所を有することとなることをいいます。すなわち，一時帰国は除かれます。

2 手続き

課税の取消しは，贈与者が，子（受贈者）が帰国等をした日から4か月以内に更正の請求の手続きを行わなければなりません。贈与者は，更正の請求の手続きを行うことにより，既に納付した税額の還付を受けることができます。

Question 03 国外転出時課税における納税猶予制度

国外転出（贈与）時課税制度の適用がある場合において，納税を猶予してもらうことはできますか。

Answer

一定の要件を満たす場合には，5年間（届出により最長10年間）納税が猶予される納税猶予制度を受けることができる

　国外転出（贈与）時課税制度は，有価証券等を贈与した者（以下「贈与者」）に対する課税です。通常の譲渡と異なり，納税資金が不足することが想定されることや，有価証券等の贈与を受けた者（以下「受贈者」）が一時的な海外勤務者で有価証券等を売却せずに帰国を予定していることなども想定されるため，納税猶予制度が設けられています。

　国外転出（贈与）時課税に係る納税猶予を受けるためには，以下の①及び②の要件を共に満たす必要があります。
① 贈与者の贈与した年分の確定申告書に，納税猶予の適用を受けようとする旨の記載があり，かつ，納税猶予分の所得税額の計算に関する明細書を添付すること
② 贈与者が，贈与年分の確定申告書の提出期限までに，納税猶予分の所得税額及び納税猶予期間（5年又は10年）に対応する利子税に相当する担保を提供すること

　納税猶予を受けることができる期間は，原則として贈与日から5年を経過する日までとされますが，届出により更に5年間延長することができ，最長10年を経過する日まで納税猶予を受けることができます。

　納税猶予期間中は，各年の12月31日に非居住者である受贈者が保有する国外転出（贈与）時課税に係る有価証券等の状況を記載した継続適用届出書を，翌年3月15日までに税務署長に提出し続けなければなりません。この届出書の提出をしなかった場合は，提出期限（3月15日）から4ヶ月を経過す

る日をもって納税猶予は終了します。納税猶予が終了した場合には，猶予を受けた所得税及び利子税を納税しなければなりません。

　なお，期限後申告，修正申告，更正又は決定に係る所得税については納税猶予の適用を受けることができません。ただし，期限内申告について計算の誤りのみに基づいてなされる修正申告又は更正については納税猶予の適用を受けることができます。この場合の担保については修正申告書の提出日の翌日又は更正通知書の発送日の翌日から1ヶ月以内に提供しなければなりません。

Question 04 納税猶予と納税の免除

Q03において，猶予されていた税額を納付しなくてよいこととなるのは，どのような場合ですか。

Answer

一定の事由に該当することとなった場合には，更正の請求により猶予された税額を納付しなくてよいこととされる

　国外転出（贈与）時課税に係る所得税につき納税猶予を選択している贈与者は，贈与日から5年を経過する日（納税猶予期限の延長を受けている場合は，10年を経過する日）までに，次の①～③のいずれかの場合に該当するときは，非居住者である受贈者が贈与日以後引き続き有していた有価証券等については，更正の請求の手続きにより国外転出（贈与）時課税制度による課税を取り消すことができます。すなわち，納税猶予された所得税を納付しなくてよいことになります。

	課税の取消しを受けられる場合	課税の取消しを受ける範囲
①	有価証券等の贈与を受けた非居住者である受贈者が帰国（注）した場合	帰国の時まで所有している有価証券等
②	非居住者である受贈者が有価証券等を居住者に贈与した場合	居住者に贈与した有価証券等
③	非居住者である受贈者が死亡し，死亡した者から有価証券等を相続した相続人のすべてが居住者となった場合	死亡した者から相続した有価証券等

（注）　帰国とは，日本国内に住所を有し，又は現在まで引き続いて1年以上居所を有することとなることをいいます。即ち一時帰国は除かれます。

　なお，更正の請求の手続きは，上記①～③のいずれかに該当することとなった日から4ヶ月以内に行わなければなりません。

Question 05 納税猶予と納付

Q03において，猶予されていた税額を納付しなければならないこととなるのは，どのような場合ですか。

Answer

納税猶予を受けている期間中に一定の事由に該当することとなった場合には，納税猶予は終了し，猶予を受けた所得税と猶予期間に係る利子税を納付しなければならない

　国外転出（贈与）時課税にかかる所得税につき納税猶予を選択している贈与者は，贈与日から5年を経過する日（納税猶予期限の延長を受けている場合は，10年を経過する日）までに，次の①～④のいずれかの場合に該当することとなったときは，納税猶予は終了し，猶予を受けた所得税及び利子税を納付しなければなりません。

	納税猶予が終了する場合	納税猶予終了日
①	納税猶予期間（5年又は10年）が満了した場合	満了日の翌日以後4ヶ月を経過する日
②	非居住者である受贈者が，納税猶予期限までに有価証券等の譲渡・贈与等をした場合（譲渡・贈与等した有価証券等に対応する税額のみ）	譲渡・贈与等をした日から4ヶ月を経過する日
③	納税猶予に係る継続適用届出書を提出期限まで提出しなかった場合	提出期限から4ヶ月を経過する日
④	納税猶予期限前に自ら納税猶予に係る所得税を納付する場合	全部の納付があった時

　利子税の割合は，年7.3％と特例基準割合（平成28年は1.8％）のいずれか低い割合とされ，結果，平成28年中は年1.8％となります。

> **PLUS α** 納税猶予を受けた後に，子が帰国せずに資産を譲渡した場合の譲渡の通知は？

　国外転出（贈与）時課税にかかる所得税について納税猶予を受ける場合には，贈与者は納税猶予の適用を受けている旨及び納税猶予の期限について受贈者に通知をすることとなっています。

　また，納税猶予期間中，受贈者は国外転出（贈与）時課税の対象とされた有価証券等を譲渡・贈与等した場合には，その譲渡・贈与等の日から2ヶ月以内に贈与者に対して，譲渡・贈与等をした有価証券等の種類，銘柄，数量等を通知しなければなりません。

　これは，Q05で述べたように受贈者が有価証券等を譲渡・贈与等をした場合には，贈与者はその譲渡・贈与等をした有価証券等に対応する部分の納税猶予が終了し，猶予を受けた所得税及び利子税を納付しなければならないこととなるためです。

　なお，この受贈者から贈与者への通知がなかった場合でも，納税猶予は当然に終了します。

Question 06 納税猶予と有価証券の時価下落

国外転出（贈与）時課税制度の適用があり，納税猶予を受けていましたが，猶予期間が終了し，猶予されていた税額を納付しなければならないこととなりました。この場合において，有価証券の時価が下落していたときは，何か特別な措置がありますか。

Answer

猶予期間の満了又は有価証券等の譲渡・贈与等により納税猶予を受けている所得税を納付することとなった場合で，納税猶予を受けている有価証券等の時価が下落しているときは，その下落した時価で納付する所得税を再計算できる救済措置がある

　国外転出（贈与）時課税に係る所得税につき納税猶予を受けている贈与者について，猶予期間（5年又は10年）が満了した場合には，Q05で述べたとおり，納税猶予にかかる所得税及び利子税を納付しなければなりません。

　納税猶予に係る所得税は，贈与者が非居住者に有価証券等を贈与した時点の時価で譲渡したものとみなして計算された所得税ですが，猶予期間満了時の当該有価証券の時価が贈与時点の時価よりも下落しているときは，この下落した価額で納付する所得税を再計算することができます。

　なお，この救済措置は納税猶予期間が満了した場合のほか，非居住者である受贈者が，納税猶予期限までに有価証券等の譲渡・贈与等をした場合にも適用があります。この場合には，譲渡時の譲渡価額又は贈与をした時の時価により納付すべき所得税の再計算をすることができます。

```
                        納税猶予期間
           X1年   X2年   X3年   X4年   X5年   X6年
    ───────×────┼─────┼─────┼─────┼─────×──────→
           贈与                              4ヶ月以内に
                                            更正の請求
```

【相続開始日】		【納税猶予期間満了時】	
株式	1万株	株式	1万株
時価	@5,000円	時価	@2,000円
取得価額	@1,000円	取得価額	@1,000円
含み益	4,000万円	含み益	1,000万円

∴納税猶予額
4,000万円×15.315％＝612万6,000円

更正の請求により
∴納税猶予額
1,000万円×15.315％＝153万1,500円
⇒所得税153万1,500円＋利子税　を納付

Question 07 納税猶予中の死亡や贈与の留意点

国外転出（贈与）時課税制度の適用があり，納税猶予を受けている場合において，日本の相続税・贈与税について注意することはありますか。

Answer

相続税・贈与税の納税義務（課税財産の範囲）の判定において，相続人・受贈者は原則として非居住無制限納税義務者に該当することとなる

1 相続税の納税義務（課税財産の範囲）の判定での注意点

　国外転出（贈与）時課税の対象となる者が，非居住者（以下「受贈者」）への有価証券等の贈与について納税猶予（5年又は10年）を受けている間に，受贈者が死亡した場合で，その受贈者の相続人も非居住者であり，かつ，日本国籍を有する場合には，受贈者はその死亡した日前5年以内のいずれかの時において，日本国内に住所を有していたものとみなされ，結果，相続人は受贈者の相続税の納税義務の判定上，非居住無制限納税義務者となります。

　　（注）　受贈者が国外転出（贈与）時課税に係る贈与前5年以内に日本国内に1度も住所を有したことがないときは，この取り扱いはされません。

　例えば，日本国籍を有する父子がともに国外転出し，国外転出日から5年経過後に父が死亡し，子が財産を相続する場合には，子は相続税の制限納税義務者となり，国外の相続財産については相続税の課税対象となりません。

　ただし，父が国外転出後，5年以内に国外転出（贈与）時課税の対象となる祖父から有価証券等の贈与を受け，祖父が国外転出（贈与）時課税の納税猶予を受けている場合には，父子ともに父の相続開始前5年以内に日本に居住していなくても，当該父は自己の相続開始前5年以内のいずれかの時において日本国内に住所を有していたものとみなされ，子は父の相続税の納税義務の判定上，非居住無制限納税義務者となります。

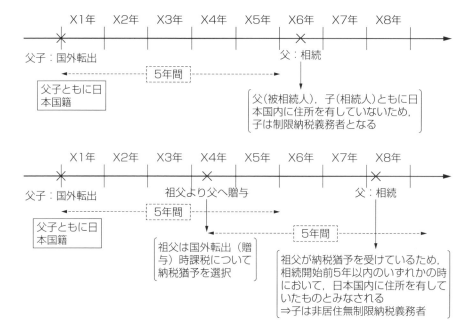

2 贈与税の納税義務（課税財産の範囲）の判定での注意点

　国外転出（贈与）時課税の対象となる者が，非居住者（以下「受贈者」）への有価証券等の贈与について納税猶予（5年又は10年）を受けている間に，受贈者が財産の贈与（以下「第2次贈与」）をした場合で，その第2次贈与にかかる受贈者（以下「第2次受贈者」）が非居住者であり，かつ，日本国籍を有するときは，その受贈者はその贈与前5年以内のいずれかの時において，日本国内に住所を有していたものとみなされ，結果，第2次受贈者は贈与税の納税義務の判定上，非居住無制限納税義務者となります。

　　（注）　受贈者が国外転出（贈与）時課税に係る贈与前5年以内に日本国内に1度も住所を有したことがないときは，この取り扱いはされません。

Question 08 国外転出（贈与）時課税と上場株式等に係る譲渡損失の損益通算及び繰越控除

国外転出（贈与）時課税の対象とされた有価証券等が含み損となる上場株式等の場合に，上場株式等に係る譲渡損失の損益通算及び繰越控除の適用は受けられますか。

Answer

平成28年1月1日以後に，国外転出（贈与）時課税の適用により生じた上場株式等の譲渡損失（みなし譲渡損）については，上場株式等に係る譲渡損失の損益通算及び繰越控除の適用を受けることができる

1 上場株式等に係る損益通算及び繰越控除の概要

　上場株式等に係る譲渡損失の損益通算及び繰越控除とは，上場株式等の譲渡により生じた損失の金額を，その年分の上場株式等に係る配当所得，利子所得等の金額から控除し，なお控除しきれない金額がある場合には，翌年以後3年間に生じた上場株式等に係る譲渡所得，配当所得，利子所得等の金額から控除することができる特例です。

　なお，上場株式等とは上場株式，上場投資信託又は公募投資信託の受益権，特定公社債等をいいます。

2 対象となる譲渡

　上場株式等に係る譲渡損失の損益通算及び繰越控除は，金融商品取引業者又は登録金融機関への売り委託により行う上場株式等の譲渡や，金融商品取引業者に対する上場株式等の譲渡など，一定の譲渡により生じた譲渡損失のみが対象となっており，国外転出（贈与）時課税の適用によるみなし譲渡は対象となりませんでした。

　しかし，平成28年度税制改正において，この一定の譲渡に国外転出（贈与）時課税によるみなし譲渡が追加され，平成28年1月1日以後に国外転出（贈与）時課税により生じたみなし譲渡損失について，贈与者の確定申告において

上場株式等に係る損益通算及び繰越控除の適用を受けることが可能となります。

　具体的には，国外転出（贈与）時課税により生じるみなし譲渡損益と，実際の株式等の実現譲渡損益は，「一般株式等」と「上場株式等」に区分し，それぞれでみなし譲渡損益と実現譲渡損益を相殺します（同じ株式等に係る譲渡所得同士の相殺ですので，平成 28 年度税制改正に関係なく相殺可能です）。そして，平成 28 年 1 月 1 日以後は，相殺しきれない上場株式等に係る国外転出（贈与）時課税によるみなし譲渡損失がある場合には，上場株式等に係る配当所得，利子所得等の金額から控除し，なお控除しきれない金額がある場合には，翌年以後 3 年間に生じた上場株式等に係る譲渡所得，配当所得，利子所得等の金額から控除することができます。

著者紹介

税理士法人　山田&パートナーズ

【法人概要】
人員数：502名（山田グループ総人員：1,257名）（平成28年1月1日現在）
税理士試験合格者166名／公認会計士19名／公認会計士試験論文式合格者8名／弁護士5名

【主な業務内容】
各種税務申告・会計顧問，相続・事業承継コンサルティング，企業再編・M&A税務財務アドバイザリー，税務・財務デューデリジェンス，国際税務・国際相続コンサルティング，医療機関・公益法人コンサルティング，シンクタンクサービス他

【ホームページ】

税理士法人　山田&パートナーズ
　http://www.yamada-partners.gr.jp/

山田グループ　海外業務のご案内
　https://www.yamada-global.com/

【国内拠点】
◆東京事務所
　〒100-0005　東京都千代田区丸の内1-8-1　丸の内トラストタワーN館8階（受付9階）
　電話：03（6212）1660
◆札幌事務所
　〒060-0001　北海道札幌市中央区北一条西4-2-2　札幌ノースプラザ8階
　電話：011（223）1553
◆東北事務所
　〒980-0021　宮城県仙台市青葉区中央1-2-3　仙台マークワン11階
　電話：022（714）6760
◆金沢事務所
　〒920-0856　石川県金沢市昭和町16-1　ヴィサージュ9階
　電話：076（234）1511

◆静岡事務所

〒420-0857　静岡県静岡市葵区御幸町11-30　エクセルワード静岡ビル13階

電話：054（205）3210

◆名古屋事務所

〒450-6046　愛知県名古屋市中村区名駅1-1-4　JRセントラルタワーズ46階

電話：052（569）0291

◆京都事務所

〒600-8008　京都府京都市下京区四条通烏丸東入長刀鉾町20番地　四条烏丸FTスクエア9階

電話：075（257）7673

◆大阪事務所

〒541-0044　大阪府大阪市中央区伏見町4-1-1　明治安田生命大阪御堂筋ビル12階

電話：06（6202）5881

◆神戸事務所

〒651-0086　兵庫県神戸市中央区磯上通8-3-5　明治安田生命神戸ビル11階（受付6階）

電話：078（232）1331

◆広島事務所

〒730-0013　広島県広島市中区八丁堀14-4　JEI広島八丁堀ビル9階

電話：082（511）4100

◆福岡事務所

〒810-0001　福岡県福岡市中央区天神2-14-8　福岡天神センタービル6階

電話：092（713）8261

【海外拠点】

◆シンガポール共和国

山田＆パートナーズコンサルティング株式会社　シンガポール支店

(Yamada & Partners Consulting Co., Ltd. Singapore Branch)

51 Anson Road, #12-53 Anson Centre, Singapore 079904

Tel.+65 6922 9097

◆中華人民共和国（上海）

山田＆パートナーズコンサルティング（上海）有限公司

（亜瑪達商務諮詢（上海）有限公司）

上海市浦東新区陸家嘴環路1000号　恒生銀行大厦17階1712室
Tel.+86(0)21 5866 0525

◆ベトナム社会主義共和国

山田&パートナーズベトナム有限会社
(YAMADA & PARTNERS VIETNAM CO., LTD.)
10th Floor, Pacific Place Building, 83B Ly ThuongKiet, HoanKiem, Hanoi, Vietnam
Tel.+84-4-3946-1034

◆アメリカ合衆国（駐在員派遣）

Armanino LLP
11766 Wilshive Blvd., Ninth Floor.
Los Angeles, CA 90025
Tel.+1(310)254-8215

執筆者一覧（五十音順）

宇佐美	敦子	（税理士）
内山	幸久	（税理士）
梅沢	謙一	（税理士）
小林	大輔	（税理士）
壽藤	里絵	（税理士）
田場	万優	（税理士）
山川	直人	（税理士）

著者との契約により検印省略

平成28年5月1日 初版発行

Q&A
海外に住む親族への
相続・贈与の税務

著　　　者	税理士法人 山田&パートナーズ
発　行　者	大　坪　嘉　春
製　版　所	美研プリンティング株式会社
印　刷　所	税経印刷株式会社
製　本　所	牧製本印刷株式会社

発　行　所　東京都新宿区　　　　株式　　税務経理協会
　　　　　　下落合2丁目5番13号　会社
郵便番号　161-0033　振替　00190-2-187408　電話（03）3953-3301（編集部）
　　　　　　FAX（03）3565-3391　　　　（03）3953-3325（営業部）
URL　http://www.zeikei.co.jp/
乱丁・落丁の場合はお取替えいたします。

© 税理士法人 山田&パートナーズ　2016　　Printed in Japan

本書の無断複写は著作権法上での例外を除き禁じられています。複写される場合は、
そのつど事前に、㈳出版者著作権管理機構（電話03-3513-6969、FAX03-3513-6979、
e-mail : info@jcopy.or.jp）の許諾を得てください。

JCOPY ＜㈳出版者著作権管理機構 委託出版物＞

ISBN978－4－419－06341－2　C3032